# 高校辅导员职业化研究

STUDY ON
THE PROFESSIONALIZATION OF
UNIVERSITY COUNSELORS

黄志兴 著

中国科学技术大学出版社

## 内 容 简 介

高校学生工作离不开一支高质量的高校辅导员队伍，高校辅导员职业化、专业化与专家化是高校辅导员队伍建设的现实之需和长久之计。本书对高校辅导员职业化进行了深入研究，从高校辅导员的制度演进、职业素养培育、职业道德建设、胜任力培育、职业认同提升、职业倦怠预防、工作室建设、科研能力提升等方面进行分析与研究，并系统梳理了高校辅导员职业化建设的相关文件，以期为高校辅导员队伍建设贡献一份力量。

**图书在版编目(CIP)数据**

高校辅导员职业化研究/黄志兴著.—合肥：中国科学技术大学出版社，2024.6
ISBN 978-7-312-05981-0

Ⅰ.高… Ⅱ.黄… Ⅲ.高等学校—辅导员—师资队伍建设—研究 Ⅳ.G645.1

中国国家版本馆CIP数据核字(2024)第098876号

**高校辅导员职业化研究**
GAOXIAO FUDAOYUAN ZHIYEHUA YANJIU

**出版** 中国科学技术大学出版社
安徽省合肥市金寨路96号，230026
http://press.ustc.edu.cn
https://zgkxjsdxcbs.tmall.com
**印刷** 安徽省瑞隆印务有限公司
**发行** 中国科学技术大学出版社
**开本** 710 mm×1000 mm 1/16
**印张** 12
**字数** 226千
**版次** 2024年6月第1版
**印次** 2024年6月第1次印刷
**定价** 58.00元

# 前言

自教育部于1952年10月发出《关于在高等学校有重点地试行政治工作制度的指示》算起，高校辅导员制度已经走过了72年的历程。自中共中央、国务院2004年8月发布《关于进一步加强和改进大学生思想政治教育的意见》算起，高校辅导员职业化、专业化与专家化建设已经全面推进了20年。自教育部2014年印发《高等学校辅导员职业能力标准（暂行）》算起，高校辅导员职业化、专业化与专家化建设的深入发展已经有了10年的时间。在担任高校辅导员15年之际，我谨以此书记录关于高校辅导员职业化、专业化与专家化的思考，希望能为高校辅导员队伍建设和高校辅导员职业成长提供一种视角和一些启发。

高校辅导员制度发展到今天，已经取得了巨大的成绩。在党和国家的高度重视下，在各级主管部门和高校的推动下，高校辅导员队伍建设的制度日趋完善，高校辅导员队伍的数量和质量都在稳步提升。一方面，作为一名亲历者，我深感庆幸和自豪，希望通过撰写此书，来记录高校辅导员职业化、专业化与专家化建设的成绩；另一方面，由于高校学生工作中新的挑战不断出现和各高校推动国家政策落实的力度不一，高校辅导员队伍建设还存在一些问题，高校辅导员队伍建设质量还存在提升的空间，希望此书能为高校辅导员队伍建设出谋划策、贡献自己的微薄之力。

本书第一章厘清了高校辅导员职业化、专业化与专家化三者的辩证统一关系，说明了书名确定情况和高校辅导员职业化、专业化与专家化三个概念在本书中的定位与使用情况。

第二章细致梳理了高校辅导员制度的历史变迁和演进过程，以期能够把握高校辅导员制度的发展脉络和前进方向。第三章概述了高校辅导员职业化的内涵、现实性和可行性、主要困难和推进举措，为后面的深入研究作了铺垫。第四章围绕高校辅导员职业素养的内容和培育路径进行了全面的分析。第五章对高校辅导员对其首要理论素养——马克思主义素养的掌握情况进行了调研和分析，提出了高校辅导员马克思主义素养的培育措施与应然要求。第六章对高校辅导员职业道德的内涵、重要性和现实困境进行了分析，重点从“职业道德内化”和“职业道德评价体系构建”的视角探讨了高校辅导员职业道德建设问题。第七章以“高校辅导员胜任力”为切入点，对高校辅导员的职业能力建设进行了探讨。第八章分析了高校辅导员职业认同的现状，提出了增进高校辅导员职业认同的策略。第九章对“高校辅导员职业倦怠的表现与危害”进行了深入分析，提出了“高校辅导员职业倦怠的自我预防策略”和“高校辅导员职业倦怠的缓解策略”。第十章结合国家文件，对高校辅导员工作室建设的主旨与目标、建设方向进行了说明，并以江西省首批高校辅导员名师工作室——黄志兴工作室为例介绍了工作室建设的具体做法。第十一章结合自身的科研经历，对高校辅导员科研的价值、策略、方法和注意事项提出了建议。最后，本书系统梳理了高校辅导员职业化建设的相关文件，便于读者查阅和深入学习研究。

做好高校学生工作离不开一支高质量的高校辅导员队伍，高校辅导员职业化、专业化与专家化是高校辅导员队伍建设的现实之需和长久之计。对高校辅导员职业化的进程进行总结和反思，是进一步推动高校辅导员队伍建设的必要之举。希望本书的出版能够抛砖引玉，让更多的专家学者来研究和探讨高校辅导员职业化建设，进而提出更多的合理化建议来推动高校辅导员队伍建设质量的提升。

**黄志兴**

2024年3月

# 目 录

# 第一章

# 高校辅导员的职业化、专业化与专家化

## 一、高校辅导员职业化、专业化与专家化的提出

高校辅导员职业化、专业化与专家化的话题可以追溯到20世纪90年代，1994年杨志荣等以《浅议高校学生思想政治辅导员队伍的专业化建设》为题，围绕高校辅导员队伍的专业化展开了论述。

2004年8月，中共中央、国务院颁布的《关于进一步加强和改进大学生思想政治教育的意见》(中发〔2004〕16号)明确指出要“选拔推荐一批从事思想政治教育的骨干进一步深造，攻读思想政治教育相关专业的硕士、博士学位，学成后专职从事思想政治教育工作”，要“完善思想政治教育队伍的专业职务系列，从思想政治教育专职队伍的实际出发，解决好他们的教师职务聘任问题，鼓励支持他们安心本职工作，成为思想政治教育方面的专家。”

2005年1月，为贯彻落实中发〔2004〕16号文件精神，教育部就加强高等学校辅导员、班主任队伍建设提出意见。《教育部关于加强高等学校辅导员、班主任队伍建设的意见》(教社政〔2005〕2号)指出要“要统筹规划专职辅导员的发展。鼓励和支持一批骨干攻读相关学位和业务进修，长期从事辅导员工作，向职业化、专家化方向发展”。

2006年7月，教育部发布《普通高等学校辅导员队伍建设规定》(教育部令第24号)。《普通高等学校辅导员队伍建设规定》指出：“省、自治区、直辖市教育行政部门应当建立辅导员培训和研修基地，承担所在区域内高等学校辅导员的岗前培训、日常培训和骨干培训，对辅导员进行思想政治教育、时事政策、管理学、教育学、社会学和心理学以及就业指导、学生事务管理等方面的专业化辅导与培训，开展与辅导员工作相关的科学研究。”“高等学校要积极选拔优秀辅导员参加

国内国际交流、考察和进修深造。支持辅导员在做好大学生思想政治教育工作的基础上攻读相关专业学位，鼓励和支持专职辅导员成为思想政治教育工作方面的专门人才。”

2014年3月，教育部印发了《高等学校辅导员职业能力标准（暂行）》。《高等学校辅导员职业能力标准（暂行）》详细规定了高校辅导员的职业要求、能力标准，高校辅导员队伍建设制度和工作制度的细节逐步完善。

2017年2月，中共中央、国务院印发了《关于加强和改进新形势下高校思想政治工作的意见》（中发〔2016〕31号）。《关于加强和改进新形势下高校思想政治工作的意见》指出要“坚持遵循教育规律、思想政治工作规律、学生成长规律。把握师生思想特点和发展需求，注重理论教育和实践活动相结合、普遍要求和分类指导相结合，提高工作科学化、精细化水平”。

2017年9月，教育部发布《普通高等学校辅导员队伍建设规定》（教育部令第43号）。《普通高等学校辅导员队伍建设规定》指出：“为深入贯彻落实全国高校思想政治工作会议精神和《关于加强和改进新形势下高校思想政治工作的意见》，切实加强高等学校辅导员队伍专业化职业化建设，依据《高等教育法》等有关法律法规，制定本规定。”“省级教育部门、高等学校要积极选拔优秀辅导员参加国内国际交流学习和研修深造，创造条件支持辅导员到地方党政机关、企业、基层等挂职锻炼，支持辅导员结合大学生思想政治教育的工作实践和思想政治教育学科的发展开展研究。高等学校要鼓励辅导员在做好工作的基础上攻读相关专业学位，承担思想政治理论课等相关课程的教学工作，为辅导员提升专业水平和科研能力提供条件保障。”

## 二、高校辅导员职业化、专业化与专家化的内涵

### （一）高校辅导员的职业化

职业化是与生活化、业余行为、本能行为相对应的一个概念。一般认为，职业化意味着从业者的专门培训、规范行为、工作评价和工作保障的制度化。中国人民大学劳动人事学院曾湘泉认为可以从两个角度去理解职业化：一是从职业生涯的角度，即从业者有一个完整的职业生涯，可以作为终生事业来对待和追求；二是从职业的壁垒和标准的角度，即从事这个职业有一定的准入门槛和标

准。因此，高校辅导员职业化是指在高等教育的推动下，在国家制度和政策的鼓励下，高校辅导员经过专门的学习和培训后具有胜任这项工作的素养和能力，在工作中能够恪守高校辅导员职业道德，并且愿意长期从事高校辅导员这项工作。

### （二）高校辅导员的专业化

专业化是指教育、引导和帮助从业人员逐步适应岗位职业化要求的过程，这项过程以提高从业人员的专业素质、提升从业人员的工作质量为目的。专业化要求从业人员必须按照岗位职业化的要求，以一定的专业背景和专业素养在专门从事某项工作的过程中，不断提升自己的专业化水平，获得业内同行和社会各界认可的过程。高校辅导员队伍的专业化就是积极引导和鼓励高校辅导员努力掌握履行辅导员工作职责所需的知识和技能的过程，通过这样一个过程，提升高校辅导员工作的有效性，增强高校辅导员工作的专业性和权威性，从而树立高校辅导员的职业形象。

要达到专业化，不仅需要全面掌握相关的理论知识和专业知识，还需要长期在辅导员工作岗位一线了解工作实际，以丰富的阅历为基础，不断提升职业技能和职业素养。这种专业化既包括辅导员个体的专业化，也包括辅导员群体的专业化。①

### （三）高校辅导员的专家化

高校辅导员专家化是指高校辅导员对高校辅导员九大职能的某一方面或几个方面具有扎实的理论知识和丰富的工作经验，在同行中具有话语权和权威性，成为了一定范围内高校辅导员工作的专家。②

高校辅导员专家化具有专业性、标准性和高超性的行为特征。专家型辅导员要求具有深厚的理论功底、丰富的实践经验，能够透过现象认识本质，一定程度上把握辅导员工作规律，是高校辅导员工作标准和规范的确立者、理论与方法的创新者、研究成果的产出者、研究团队的领导者。专家型辅导员熟悉高校辅导员工作的理论与方法，能够从容应对高校辅导员工作中出现的各种复杂问题。

---

① 龙世邦.高校辅导员职业素养研究[D].广州：广东外语外贸大学，2018.

② 杨吉棣.构建高校辅导员队伍职业化、专业化、专家化模式初探[J].思想教育研究，2009(11)：60-62.

专家型辅导员的成长需要科学地规划和坚持不懈地努力，需要经历长时间的磨炼与积累，需要团队的淬炼和政策的保障。①

## 三、高校辅导员职业化、专业化与专家化建设的必然性

### （一）高校辅导员工作的独特性要求高校辅导员职业化

高校辅导员工作的对象是大学生，这个群体思想活跃、个性各异。身处网络信息时代，各种信息和观点充斥网络，大学生们的价值观念呈现多元化、行为方式也呈现多样化。在高校学生工作的复杂性和难度不断增加的背景下，高校学生工作的独特性日益凸显，要做好大学生群体的工作，高校辅导员需要系统地掌握思想政治教育、心理学、法律等理论知识，需要能够熟练地应用一般性和个别化的工作方法。这就要求高校辅导员系统、全面地学习相关理论知识，长期在学生工作一线实践和总结经验，进而提升工作能力、领会工作艺术。正是高校学生工作的独特性要求高校辅导员职业化。

### （二）高校辅导员工作的专业性要求高校辅导员专业化

伴随着我国高等教育的发展，一方面高校人才培养的质量要求越来越高，大学生对学业规划、心理健康、就业升学方面的专业性指导的需求日益增加；另一方面高校办学规模越来越大，大学生数量日益增多，其成长需求日益增多。这就要求高校辅导员系统地学习职业规划、心理咨询、学业指导方面的知识，具备相应的专业资质。而高校辅导员要达到学生期盼的专业性要求，必然要走上专业化的道路。

### （三）高校辅导员工作的科学性要求高校辅导员专家化

随着时代的发展，高校辅导员工作的科学性要求也日益提升，因应这种要求

---

① 王丽萍，姜士生.高校辅导员队伍专业化、职业化、专家化建设的内涵与逻辑[J].思想理论教育导刊，2013(6)：123-125.

需要高校辅导员在工作实践中进行总结提升和科学研究。高校辅导员要对学生工作开展卓有成效的研究，一方面需要以长期的工作实践作为基础，另一方面需要开展长期的探索和研究。这样一个长期的过程要求高校辅导员开展专家化建设，不断提升高校辅导员队伍建设的科学化水平。

## 四、高校辅导员职业化、专业化与专家化的辩证关系

### （一）高校辅导员职业化、专业化是辩证统一的两个方面

高校辅导员职业化和专业化是高校辅导员队伍建设辩证统一体的两个方面，两者在时间上交织、在空间上并存，共同反映了高校辅导员队伍建设的方向。高校辅导员职业化是高校辅导员专业化的前提和基础，高校辅导员专业化是高校辅导员职业化的内在要求和外在表现。高校辅导员专业素养是高校辅导员胜任工作、职业成长的基本要求，是实现其职业化的关键素养。

### （二）高校辅导员专业化是职业化的推动力，是高校辅导员向专家化目标迈进的必经阶段

高校辅导员职业化的过程就是高校辅导员专业知识积累、专业技能提升、专业形象提升的过程，专业能力是高校辅导员职业胜任力的关键能力，高校辅导员专业化是高校辅导员职业化的内在推动力。高校辅导员通过专业能力和专业地位的提升而逐步职业化的过程，是一个逐步树立职业形象和职业权威的过程。这个过程包括系统化的专业知识积累、长时间的工作实践和深入的研究总结，当高校辅导员专业知识积累、专业能力提升、专业权威影响发展到一定程度并能够满足一定的社会需求且具备一定的社会功效时，专业化量的积累便催生了专业化质的变化，具有更高素质能力和社会认可水平的专家型辅导员便应运而生。

### （三）高校辅导员专家化是专业化建设的最终目标，是职业化建设的内在要求和具体体现

高校辅导员专家化，是提升高校辅导员工作水平的现实之需，是培养社会主

义建设者和接班人的长久之计。高校辅导员职业化要求从业者长期从事辅导员工作，具备胜任工作的素质和能力；要求辅导员专业化水平不断提高，成长为专家型的辅导员。而这正是高校辅导员职业发展为长期稳定职业、有较高准入门槛的重要标志。高校辅导员职业化建设，使辅导员具有了良好的职业素养、较高的职业技能、统一的职业规范。高校辅导员专家化要求高校辅导员在长期实践的基础上加强理论研究，以研究成果推进实际工作，以工作成绩论证理论成果，在理论与实践相结合的过程中，不断发现新问题、研究新情况、指导新实践，使辅导员队伍不断朝着专家型辅导员方向迈进并最终形成金字塔形的专业化队伍和阶梯形的队伍结构。①

## 五、高校辅导员职业化的基础作用与书名确定

### （一）高校辅导员职业化是实现辅导员队伍专业化、专家化的基础

高校辅导员职业化、专业化与专家化建设是高校辅导员职业发展相互交织的三个方面，三者紧密联系，相辅相成。高校辅导员职业化是高校辅导员队伍建设的总体指向和制度框架，高校辅导员职业化建设为高校辅导员专业化、专家化提供了基础和可能性。没有长期从事高校辅导员工作的职业意识和制度保证，高校辅导员专业化建设将失去方向，高校辅导员专家化建设将失去可能。需要从体制机制上解决辅导员的“三化”问题，辅导员队伍专业化发展应从增强高校辅导员职业吸引力开始，坚持以职业化建设为必要前提，把辅导员引导到专业化发展的兴奋点，帮助他们找准专业化发展的切入点与契合点，促进辅导员专业化水平不断提升，为专家化发展打下坚实基础。②

### （二）高校辅导员职业化是专业化、专家化的发展方向

高校辅导员职业化、专业化与专家化是党和国家为了提升高校辅导员队伍

---

① 王纪平，原广华，吉意斌.高校辅导员队伍职业化、专业化、专家化建设内涵辨析与思考[J].太原大学学报，2010，11(1)：97-100.

② 汤涛.高校辅导员队伍职业化、专业化、专家化问题探析：以江苏技术师范学院为例[J].江苏技术师范学院学报，2011，17(11)：10-13.

建设质量、稳定高校辅导员队伍、提高高校辅导员工作效益而对高校辅导员队伍建设提出的要求，是基于现实需要和社会需求而提出的时代命题；高校辅导员职业化是高校辅导员专业化、专家化的依托和载体，专业化、专家化是辅导员职业化的应有之义。高校辅导员职业化建设的制度设计既为辅导员专业化、专家化提出了要求和标准，也综合了社会、学校和学生对高校辅导员专业能力和专业地位的情感期待，是高校辅导员队伍建设的根本目标和最终指向。从高校辅导员职业化与专业化、专家化的发展过程来看一般都是职业化在先，专业化、专家化在后。因为形成专业化、专家化需要长时间的积累，而这种积累主要是知识和经验的丰富、能力的提升、育人规律的发现与应用，没有职业化的要求和吸引，这些积累是无法形成的。①

正是基于高校辅导员职业化、专业化与专家化的辩证关系和高校辅导员职业化在“三化”建设中的基础作用、前提作用和发展指向作用，笔者将本书书名确定为《高校辅导员职业化研究》。本书将以“高校辅导员职业化”为核心概念，以“高校辅导员的专业化”“高校辅导员的专家化”为二级关键词展开论述。

---

① 王纪平，原广华，吉意斌.高校辅导员队伍职业化、专业化、专家化建设内涵辨析与思考[J].太原大学学报，2010，11(1)：97-100.

# 第二章

# 高校辅导员制度的历史演进

- 高校辅导员制度的历史脉络
- 高校辅导员制度建设的经验启示

要深刻地把握高校辅导员职业化的内涵，首先要了解高校辅导员制度的历史脉络。知道高校辅导员制度从何而来，才能明确高校辅导员制度的发展方向。本章将细致梳理高校辅导员制度的历史变迁和演进过程，以期能够把握高校辅导员制度的发展脉络和前进方向。

## 一、高校辅导员制度的历史脉络

### （一）高校辅导员制度的缘起

高校辅导员制度的建立可以追溯到人民军队的政治指导员制度。政治指导员制度是我党在建设人民军队过程中形成的制度。1927年，毛泽东带领秋收起义部队实行了著名的“三湾改编”，创造性地提出了“支部建在连上”的治军方略。为了确保这个治军方略的贯彻实施，在连队设立了党代表制度，后来逐渐演变为政治指导员制度。1930年，我党颁布了《中国工农红军政治指导员工作暂行条例草案》，对政治指导员制度进行了较为全面、详细的规定。随后，在人民军队中广泛地设立了政治指导员制度。①

1936年6月1日，中国人民抗日红军大学在陕甘革命根据地瓦窑堡成立，简称“红大”。1937年1月19日，更名为中国人民抗日军事政治大学，简称“抗大”，

① 解放军政治学院政治工作教研室．政治辅导员[M]．北京：中国人民解放军政治学院出版社，1985：4.

并随中共中央机关迁至延安。中国人民抗日军事政治大学引进人民军队中的政治指导员制度。"抗大"设大队、支队和学员队。大队设政治协理员,支队与学员队设政治指导员。抗大政治部于1937年12月颁布了《政治工作暂行条例》,规定:"政治指导员是校政治部委派到连队,在政治协理员及政治部领导下对全连队政治工作的完全负责者,在政治工作上服从其直属政治协理员之指导,在军事上服从大队长。"指出"政治指导员必须是优秀的积极的中国共产党党员,绝对向党负责,坚决执行党的策略路线、决议与号召,保证与巩固党在学员队的领导地位"[①]。政治指导员做了大量的艰苦细致的思想政治工作,把广大知识青年团结在党组织的周围。"抗大"政治指导员制度保证了党对"抗大"的直接领导,为日后的高校辅导员制度建立提供了宝贵的经验。

## (二)高校辅导员制度的创建

全国第一次教育工作会议(1949年12月23至31日)指出:"新教育作为巩固人民民主专政的有力工具,它是科学的、民主的及大众的。"1950年8月14日《高等学校暂行规程》(1950年7月28日第43次政务会通过)的实施,标志着高校将对学生进行革命思想教育作为了首要任务,并以法定的形式固定下来。1950年10月中央人民政府教育部下发了《中央人民政府教育部关于加强对学校政治思想教育的领导的指示》的文件,文件强调"对教职员和学生,不管其家庭出身怎样,均应本着争取、团结、改造的政策,通过教育说服的方式,积极鼓励其前进"[②]。1951年11月3日在北京召开了全国工学院院长会议,提出在全国工学院有准备地试行政治辅导员制度,要求政治辅导员主持思想改造工作。教育部于1952年10月发出《关于在高等学校有重点地试行政治工作制度的指示》,提出在高等学校设立"政治辅导处"。政治辅导处设主任1名,设辅导员若干人,其主要任务为在政治辅导处主任领导下,辅导一个或几个系学生的政治学习和社会活动。同时政治辅导员也可以兼任政治理论课助教,并逐渐培养成政治课教员。[③]由此,政治辅导员的地位和作用得以确定。

---

① 中国人民解放军国防大学.中国人民抗日军事政治大学史[M].北京:国防大学出版社,2000:70.

② 中共中央文献研究室.建国以来重要文献选编:第一册[G].北京:中央文献出版社,2011:368.

③ 李国钧,王炳照.中国教育制度通史:第8卷[M].济南:山东教育出版社,1999:266.

时任清华大学校长的蒋南翔同志所倡导的“双肩挑”学生政治辅导员，对高校辅导员制度进行了具有创造性、开拓性的实践。蒋南翔同志于1953年初从政治上、业务上都很优秀的高年级学生中选出25人，延长其一年学制让其担任政治辅导员，建立“双肩挑”政治辅导员制度。“双肩挑”即要求政治辅导员的业务学习成绩和思想政治工作水平都要非常出色，引导学生树立正确的人生观、世界观、价值观，能够用马克思列宁主义来指导实践工作。[①]“双肩挑”政治辅导员制度开创了兼职辅导员模式，其指导思想对高校辅导员制度的发展有着极为重要的影响。

1961年，教育部起草了《教育部直属高等学校暂行工作条例》，简称“高教六十条”，并在同年9月15日发布。该《条例》第五十条规定，在一、二年级中设置辅导员，并提出“要逐步培养和配备一批专职的政治辅导员”。这是我国首次提出要配备专职辅导员。1964年6月10日，中共中央批转高等教育部党组《关于加强高等学校政治工作和建立政治工作机构试点问题的报告》，同意在高校中成立政治部，并在北京大学和清华大学试行，“建议二、三年内配齐班级的专职政治工作干部，其编制平均每100个学生至少配备1人。干部来源，主要从高等学校毕业生中间选留解决”[②]。第一次对于编制人数、人员来源作出了规定。从1965年3月开始，各大院校的政治部相继建立，同时，大量专业性人员不断补充到干部队伍中。1965年国家教育部颁布了《关于政治辅导员工作条例》，将政治辅导员的工作性质、职责、作用及地位等明确下来，标志着我国高校辅导员制度在全国范围内初步形成。

## （三）高校辅导员制度的低谷

1966年开始，我国高等教育秩序受到严重冲击，高等教育领域相关制度遭到了严重破坏，刚刚建立不久的高校辅导员制度被认为是“修正主义教育路线”，受到批判，高校辅导员被划归为“资产阶级分子”，成为被批斗、打击的重点对象。由于我国高等教育领域秩序遭到严重破坏，高校辅导员制度也遭到空前的破坏，高校辅导员制度的发展进入了低谷期。

---

① 方惠坚，郝维谦．蒋南翔教育思想研究[M]．北京：清华大学出版社，1999：110.

② 刘光．新中国高等教育大事记：1949—1987[M]．长春：东北师范大学出版社，1990：223.

## (四)高校辅导员制度的重建与完善

1976年,各条战线的工作开始复苏。随着高校思想解放运动的不断深入,思想政治教育工作全面开展起来。以原有教育秩序为基础,我国开始了思想政治教育科学化的积极探索。1977年我国恢复了中断十年的高考制度,实行全国高校统一招生考试、统一录取制度,全国各大院校走上了良性的发展道路,教育事业也恢复了往日生机。1978年4月,《全国普通高等学校暂行工作条例(征求意见稿)》由教育部制定并颁发,对学生思想政治教育工作开展进行了规定:"建立学生思政工作队伍,并在一、二年级配置相关辅导员。在辅导员的选择上,须以党政干部为主,也可以选取思想觉悟高的政治理论教师担任,或者挑选具有政治工作经验、作风正派的年轻教师轮流担任。对于政治辅导员实施半脱产管理,在担任辅导员的同时,也需要担任相关业务工作。"1978年10月教育部通知试行《全国重点高等学校暂行工作条例(试行草案)》,该《条例》第八章第四十九条同样对高校辅导员有着明确的规定,要求恢复高校辅导员的设置,同时还要求"政治辅导员都要既做学生思想政治工作,又要坚持业务学习,有条件的要坚持半脱产,担任一部分教学任务。政治辅导员可以适当轮换"①。

1980年4月29日,教育部、共青团中央发出《关于加强高等学校学生思想政治工作的意见》,首次提出"高等学校的学生政治工作干部,既是党的政治工作队伍的一部分,又是师资队伍的一部分,担负着全面培养学生的重要任务"②。从此,我国高校辅导员由单一的政治干部身份开始向具有教师和干部双重身份转变。1982年1月19至20日,教育部在北京召开"高等学校试行学生品德评定工作讨论会",讨论建立品德评定制度,以促进学生德、智、体全面发展,其中专门提出对学生进行的品德考核工作应由政治辅导员"主要负责"。

1984年以南开大学为引领,国内12所高校开始了思想政治教育本科生的招收。清华大学等7所院校开始了思想政治教育第二学士生的招收。到1986年相继有浙江大学、武汉大学、华东师范大学及上海交通大学等30多所高校先后开设了思想政治教育科目及专业,招收思想政治教育第二学士生及本科生的数量已经超过了5000人。其中第二学士生中的大部分是高校学生思想政治工作干部,即政治辅导员和共青团干部。他们毕业后将重返高等学校,是学生思想政治工

① 刘光.新中国高等教育大事记:1949—1987[M].长春:东北师范大学出版社,1990:329.

② 刘光.新中国高等教育大事记:1949—1987[M].长春:东北师范大学出版社,1990:359.

作队伍中的一支重要生力军。这项措施大大推动了政治辅导员队伍的建设。[①] 1984年11月13日，中共中央宣传部、教育部出台了《关于加强高等学校思想政治工作队伍建设的意见》。该《意见》对于思想政治教育队伍的各个方面作了进一步细化和明确化，要求政治辅导员必须具备一定的政治素质，同时具有一定的知识文化水平，必须具有"大学以上文化程度"。第一次规定辅导员的发展方向可以为："(1) 党政干部；(2) 马列主义理论教师、共产主义思想品德教师；(3) 业务课教师。"[②] 1987年5月29日，中共中央颁布了《中共中央关于改进和加强高等学校思想政治工作的决定》，分析了当时的形势，进一步强调改进和加强思想政治教育的重要性，要求各高校必须十分重视这支骨干队伍的培养和建设。

1992年，随着党的十四大的胜利召开，我国开始进入了改革开放的新的历史时期。为适应当时形势的需要，在总结前几年思想政治工作经验的基础上，1990年7月17日中共中央发布的《中共中央关于加强高等学校党的建设的通知》和1991年5月22日共青团中央和国家教育委员会党组发布的《加强高校共青团建设的意见》都明确规定，各系的学生党支部书记和团委负责老师可以由专职的辅导员来担任。1993年8月13日，由国家中宣部、教育部及组织部下发的《关于新形势下加强和改进高等学校党的建设和思想政治工作的若干意见》指出："加强党务、政工干部的专业性培训，无论是在职培训或者是脱产培训，均应协调及处理好与业务工作的关系。在实施培训的具体环节时，应本着'有序''优质'的原则，对在职从事思政教育的工作人员鼓励他们积极参与第二学位及以上学历的培训，各种培训均在各级党校及行政学院进行。"1995年11月，由国家教育委员会颁布试行的《中国普通高等学校德育大纲》指出，"辅导员和班主任是日常思想政治教育的直接组织者和协调者"[③]，高校辅导员成为我国高校德育队伍的重要组成部分。1999年12月30日，教育部党组发布《关于高等学校贯彻〈中共中央关于改进思想政治教育工作的若干意见〉的通知》，分析了当时高校内外环境的变化，提出了新形势下加强和改进高校思想政治工作的基本方针，为新时期高校辅导员制度创新指明了方向。

---

① 李鹏.我国高校辅导员队伍专业化职业化建设研究[D].北京：中国矿业大学(北京)，2015.

② 山东省教育委员会办公室.教育工作文件选编：1977.5—1987.12[Z].山东省教育委员会办公室，1989：67.

③ 教育部思想工作司.加强和改进大学生思想政治教育重要文献选编：1978—2008[G].北京：中国人民大学出版社，2008：221.

## （五）高校辅导员制度的成熟

2000年7月，教育部党组发布《关于进一步加强高等学校学生思想政治工作队伍建设的若干意见》。该《意见》指出："专职学生思想政治工作人员系学校专职从事和负责学生思想政治教育工作的人员，包括学校分管学生思想政治教育工作的党委副书记，学生工作部（处）从事学生思想政治教育工作的人员，院（系）党总支负责学生思想政治教育工作的副书记、团总支书记、学生政治辅导员等。"并且规定专职辅导员任期为4～5年，兼职辅导员任期为2～4年。对于高校辅导员的选聘方法、岗前培训、日常培养、表彰奖励、考核管理提出了具体实施意见。①该《意见》的发布为新时期高校辅导员制度建设提出了指导性意见，指明了高校辅导员制度的发展方向。

2004年8月26日，中共中央、国务院发布了《关于进一步加强和改进大学生思想政治教育的意见》，指出"辅导员、班主任是大学生思想政治教育的骨干力量，辅导员按照党委的部署有针对性地开展思想政治教育活动，班主任负有在思想、学习和生活等方面指导学生的职责"，"院（系）的每个年级都要按适当比例配备一定数量的专职辅导员，每个班级都要配备一名兼职班主任"。②

教育部于2005年1月13日发布了《关于加强高校辅导员班主任队伍建设的意见》，这是我国第一次出台专门针对高校辅导员制度建设的纲领性文件，文件指出"加强辅导员、班主任队伍建设，是加强和改进大学生思想政治教育和维护高校稳定的重要组织保证和长效机制，对于全面贯彻党的教育方针，把大学生思想政治教育的各项任务落到实处，具有十分重要的意义"③。文件对高校辅导员的选配配备、培养培训、政策保障作出了规定，并且提出"要把专职辅导员队伍作为党政后备干部培养和选拔的重要来源，根据工作需要，向校内管理工作岗位输送或向地方组织部门推荐。高校选拔党政领导干部，要重视专职辅导员的经历。根据本人的条件和志向，也可向教学、科研工作岗位输送"。④

2005年1月17—18日，中共中央在北京召开了全国加强和改进大学生思想

---

① 何东昌.中华人民共和国重要教育文献：1998—2002[G].海口：海南出版社，2003：650.

② 教育部思想政治工作司.加强和改进大学生思想政治教育重要文献选编：1978—2008[G].北京：中国人民大学出版社，2008：382.

③④ 教育部思想政治工作司.加强和改进大学生思想政治教育重要文献选编：1978—2008[G].北京：中国人民大学出版社，2008：402.

政治教育工作会议，再次强调高校辅导员制度建设在新时期的重要性。

2006年7月23日，教育部发布对高校辅导员制度建设有着历史意义的24号令，即《普通高校辅导员队伍建设规定》，这是我国教育部第一次出台专门针对高校辅导员的法规性文件。该《规定》共六章二十六条，指出“辅导员是高等学校教师队伍和管理队伍的重要组成部分，具有教师和干部的双重身份。辅导员是开展大学生思想政治教育的骨干力量，是高校学生日常思想政治教育和管理工作的组织者、实施者和指导者”[①]，对高校辅导员的“要求与职责”“配备与选配”“培养与发展”“管理与考核”等提出了具体的规定，使高校辅导员制度进一步健全和发展，也使新中国成立以来高校辅导员制度的发展上升到了一个新的阶段。

2006年7月30日，教育部又出台了《2006—2010年普通高等学校辅导员培训计划》，决定自2006年以后的高校专职辅导员必须有高校辅导员培训证书方能上岗，到2010年完成对所有高校的辅导员轮训工作，选拔5000名高校辅导员攻读思想政治教育等专业的硕士学位，在全国范围内建立辅导员研修培训基地，2007年，教育部在复旦大学、北京师范大学、河北师范大学等21所学校建立了高校辅导员培训及研修基地，进一步加强高校辅导员队伍的专业化、职业化。[②]

2011年4月，《教育部高校辅导员培训和研修基地建设与管理办法(试行)》和《教育部高校辅导员培训和研修基地建设与管理基本标准(试行)》两个文件先后出台。这两个文件对高校辅导员研修基地的建设提供了规范的指导，有利于对高校辅导员研修基地进行科学管理，有利于提高辅导员培训质量，为辅导员研修提供了更多的平台选择。[③]

## (六) 高校辅导员制度的创新发展

党的十八大以来，党中央从治国理政的战略高度，持续加强高校思想政治工作。2013年教育部党组印发的《普通高等学校辅导员培训规划(2013—2017年)》对高校辅导员的培训内容、培训任务、保障措施等作了规定。

---

① 教育部思想政治工作司．加强和改进大学生思想政治教育重要文献选编：1978—2008[G]．北京：中国人民大学出版社，2008：492.

② 教育部思想政治工作司．加强和改进大学生思想政治教育重要文献选编：1978—2014[G]．北京：知识产权出版社，2015：348.

③ 杨扬．改革开放以来高校辅导员制度的历史考察及当代启示[D]．长春：东北师范大学，2019.

2014年教育部印发的《高等学校辅导员职业能力标准(暂行)》,详细规定了高校辅导员的职业要求、能力标准,标志着高校辅导员有了自身发展的纲领性文件,高校辅导员队伍建设制度和工作制度的细节逐步完善。

2017年2月27日,中共中央、国务院印发了《关于加强和改进新形势下高校思想政治工作的意见》。该《意见》强调指出,高校肩负着人才培养、科学研究、社会服务、文化传承创新、国际交流合作的重要使命。加强和改进高校思想政治工作,事关办什么样的大学、怎样办大学的根本问题,事关党对高校的领导,事关中国特色社会主义事业后继有人,是一项重大的政治任务和战略工程。该《意见》进一步强调要推动高校思想政治工作制度化。

2017年9月教育部修订的《普通高等学校辅导员队伍建设规定》,进一步明确了高校辅导员的要求与职责、配备与选聘、发展与培训、管理与考核等。该《规定》强调指出:辅导员是开展大学生思想政治教育的骨干力量,是高等学校学生日常思想政治教育和管理工作的组织者、实施者、指导者。辅导员应当努力成为学生成长成才的人生导师和健康生活的知心朋友。高等学校要坚持把立德树人作为中心环节,把辅导员队伍建设作为教师队伍和管理队伍建设的重要内容,整体规划、统筹安排,不断提高队伍的专业水平和职业能力,保证辅导员工作有条件、干事有平台、待遇有保障、发展有空间。

## 二、高校辅导员制度建设的经验启示

### (一)党和国家的高度重视是高校辅导员队伍建设的根本保证

高校辅导员队伍建设需要解决政策制度、人员配置、经费保障等一系列问题,这些问题的解决需要党和国家的高度重视。中华人民共和国建立后,党和国家出台了一系列关于高校辅导员队伍建设的政策和制度,这些政策和制度的颁布与实施明确了高校辅导员队伍建设的重要性、高校辅导员队伍建设的方向、高校辅导员队伍人员配备原则、高校辅导员队伍建设的经费保障和高校辅导员的职责和使命等一系列问题,保证了高校辅导员队伍的健康稳定发展。特别是明确了高校辅导员具有教师和干部的双重身份,在政策上保证了高校辅导员在职务上可以晋升至副科、正科、副处和正处,在职称上可以参评讲师、副教授、教授,这极大地提升了高校辅导员岗位的吸引力和高校辅导员的职业成就感。

### （二）高校辅导员职业化是高校辅导员队伍建设的方向

很长一段时期内，高校辅导员队伍构成以兼职辅导员为主，专职辅导员的数量有限，高校辅导员的职责主要是思想政治教育。随着高校人才培养质量的提升和高校学生工作复杂性、挑战性的提升，高校学生工作由粗放式管理向精细化管理、科学化管理转变，高校辅导员职责范围日益扩大，不仅包括思想政治教育，还包括职业规划、心理健康教育等九大职能；高校辅导员工作的专业性日益提升，不仅要回答大学生的一般性问题，还要能够为大学生提供专业性服务。这些不仅对高校辅导员数量提出了要求，更对高校辅导员质量提出了要求。正是因应这种需求，高校辅导员职业化建设提上了日程并且得到了长足的发展。

### （三）高校辅导员职业化建设包括高校辅导员个人的职业化和团队的职业化

高校辅导员队伍建设既与辅导员个体相关，也与辅导员团队相关，特别是在辅导员的角色实践中，既有个体角色行动，也有团队角色行动。长期以来，高校辅导员开展工作主要依靠自身的经验和能力，高校辅导员职业化强调辅导员个人的职业素养和职业胜任力的提升。但随着大学生出现越来越多元化的需求、越来越专业化的诉求，高校辅导员个体越来越难以应对这些挑战，这就需要高校辅导员团队的职业化建设。高校辅导员团队的职业化不仅强调高校辅导员个体职业素养的提升，还强调高校辅导员的团队合作意识的提升，通过建设一个功能多样、优势互补的高校辅导员团队来更好地服务大学生成长成才。

### （四）高校辅导员队伍建设需要内外一起发力并凸显高校辅导员的主体性

高校辅导员队伍建设需要外力推动和内力驱动。外力推动主要为政策和制度推动，外力推动有一定优势，不仅可以调动行政资源、人力资源和物力资源，而且可以大范围地统一行动。但是，外力推动毕竟还是外因，要真正发挥实效，还要充分调动高校辅导员的积极性与能动性，发挥高校辅导员的主体性。主体性表明的是人在社会活动中的重要性，正是这种重要性激发了人的积极性、主动性和创造性。高校辅导员是职业化的主体，是高校辅导员队伍建设的关键因素。当高校辅导员认同和热爱这份职业，高校辅导员队伍建设的过程就会顺畅而富有成效。

# 第三章

# 高校辅导员职业化概述

- ⊙ 高校辅导员职业化的内涵
- ⊙ 高校辅导员职业化的现实要求
- ⊙ 高校辅导员职业化建设可行性分析
- ⊙ 高校辅导员职业化的主要困难
- ⊙ 推动高校辅导员职业化的举措

# 一、高校辅导员职业化的内涵

《汉语大词典》对职业的解释是："指个人服务社会并作为主要生活来源的工作。"实现职业化，需要满足一些基本条件：一是职业专业化，社会对这一职业的从业人员有专门的职业知识、技能、规范等要求，形成了可以传承的知识经验体系，这些专门素质需要经过一定的培训才能形成；二是形成了职业自律，确立了核心价值和职业理念，有一整套职业伦理、职业道德等行为标准，能对从业人员的行为进行有效约束；三是实现了职业独立，职业进入了经济社会体系，具备相应的经济、社会条件，能够为从业人员提供广阔的发展空间和长期的基本保障。[①]

职业化是高校辅导员队伍发展的方向，高校辅导员队伍职业化的内涵主要包括以下四个方面：

## （一）健全的工作机制

高校辅导员队伍的职业化发展，必须建立一套完整的工作机制，包括选拔配备机制、考核评价机制、培训使用机制、晋升发展机制。健全的工作机制能够保证高校辅导员队伍建设的稳定性和发展性。

---

① 张彦．高校辅导员队伍职业化问题再探讨[J]．学校党建与思想教育，2007(6)：72-74.

## （二）专门的知识技能

一项职业往往需要专门的知识技能作为支撑，以便获得知识和能力的支持。高校辅导员作为一种职业，需要思想政治教育、教育学、心理学、管理学等专业知识的支撑。高校辅导员工作涉及大学生成长成才的方方面面，需要掌握的知识和技能比较多，需要高校辅导员进行长期的学习和实践，不断地完善知识和技能体系。

## （三）崇高的职业道德

高校辅导员是开展大学生思想政治教育的骨干力量，是高校学生日常思想政治教育和管理工作的组织者、实施者和指导者。高校辅导员的信念、情感、行为会对大学生的世界观、人生观、价值观形成潜移默化的影响，作为大学生健康成长的领路人，高校辅导员必须做到政治强、作风正，热爱高校辅导员职业，具备崇高的职业道德。①

## （四）稳定的工作队伍

高校辅导员职业化需要一批高校辅导员热爱并长期从事这项职业，只有长期从事这份职业，才能较好地掌握相应的知识、获得相应的能力，才能胜任高校辅导员这份职业。形成一支稳定的高校辅导员队伍需要政策的支持、制度机制的保证，需要不断提升高校辅导员职业的社会认可度和自身吸引力，同时也要加强高校辅导员的爱岗敬业教育。

① 宋晓燕.高校辅导员职业化建设之探析[J].苏州大学学报(哲学社会科学版),2010,31(6):189-191.

## 二、高校辅导员职业化的现实要求

### （一）学生工作的复杂性呼唤高校辅导员的职业化

伴随经济全球化和网络信息社会的发展，我国社会经济成分、就业方式、分配方式日益多样化，我国公民的价值观念呈现多元化现状，生活方式呈现个性化趋势。与此相适应，大学生们的家庭情况、价值观念、学习生活方式都呈现出多样化的态势，高校学生工作的复杂性和难度日益增加，这就需要高校辅导员能够具备更加良好的职业素养和更加高超的职业技能，因此，高校辅导员职业化被提上了日程。

### （二）增强高校思想政治工作有效性的必然要求

立德树人是高校人才培养的根本任务，培养合格的社会主义建设者和接班人，不仅需要对大学生进行专业知识和技能的培养，更需要提升大学生的思想政治素质。在价值多元化的背景下，在海量网络信息的冲击下，大学生的思想政治素质培养提升工作越来越难，这些对高校思想政治教育工作提出了挑战。如何在新的形势下提升高校思想政治教育的有效性？这就需要提升高校思想政治教育队伍的素质和能力。高校辅导员是高校思想政治教育工作队伍的骨干力量，必须大力推进其职业化进程，从而增强这支队伍的胜任力和战斗力，进而助力高校思想政治工作的成效提升。

### （三）高校辅导员自身发展的内在诉求

长期以来，高校辅导员岗位被认为是一个“临时性岗位”或“过渡性岗位”，这样的岗位难以获得社会的认可，也难以吸引从业人员长期从事这个职业，以至于职业发展的路径和晋升通道都未能制度化、常态化，严重影响高校辅导自身的发展。推进高校辅导员职业化，必然会完善高校辅导员工作开展和职业发展的相关制度机制，有利于提升高校辅导员队伍的稳定性，有利于保障高校辅导员的福利待遇和社会地位，有利于更好地推动高校辅导员的职业发展。

## 三、高校辅导员职业化建设可行性分析

### （一）党和国家大力推动高校辅导员职业化建设

2004年，中共中央、国务院颁布的《关于进一步加强和改进大学生思想政治教育的意见》指出“思想政治教育工作队伍是加强和改进大学生思想政治教育的组织保证”，“辅导员、班主任是大学生思想政治教育的骨干力量，辅导员按照党委的部署有针对性地开展思想政治教育活动，班主任负有在思想、学习和生活等方面指导学生的职责”。2005年，教育部颁布的《关于加强高等学校辅导员、班主任队伍建设的意见》明确提出了专职辅导员要向职业化、专家化方向发展。2006年，教育部颁布的《普通高等学校辅导员队伍建设规定》进一步明确了辅导员的职责定位、岗位要求、培养与考核等，指明了高校辅导员职业化建设的方向。2017年，教育部颁布的《普通高等学校辅导员队伍建设规定》进一步明确了高校辅导员的要求与职责、配备与选聘、发展与培训、管理与考核等，进一步完善了辅导员职业化的政策保障。

### （二）高校辅导员职业化的专业支撑不断强化

高校辅导员职业化需要系统地掌握思想政治教育、心理学、管理学等学科的专业知识和技能。随着我国高等教育的发展，思想政治教育、心理学、管理学等相关学科得到了长足的发展，人才培养质量和数量都不断提升。一方面体现在越来越多的思想政治教育、心理学、管理学等专业硕士研究生、博士研究生加入到高校辅导员队伍，另一方面体现在相关学科专业的发展为高校辅导员完善专业知识和技能提供了培训平台和师资力量。教育部在2008年、2009年实行试点工作的基础上，于2010年正式实施高校辅导员在职攻读高校辅导员工作相关专业博士学位计划，选拔优秀在岗专职辅导员在做好工作的同时，在职攻读思想政治教育等相关专业博士学位，进一步强化了高校辅导员职业化的专业支撑。

### （三）高校辅导员队伍建设现状具备了职业化的基础条件

回顾高校辅导员队伍建设的历程，不难看出，高校辅导员的数量和质量不断提升。特别是高等教育大众化以来，全国高校辅导员的数量不断增加，2022年3月17日，教育部举行新闻发布会，教育部思想政治工作司副司长张文斌在会上介绍，全国高校专兼职辅导员达24.08万人。在质量方面，大部分高校已经将高校辅导员的学历条件由“本科”提高到了“研究生”，有的还要求应聘者在高校读书期间具有学生干部经历，高校辅导员招聘考试的难度和竞争程度也在逐步提升。越来越多的高校辅导员获得了心理健康、职业规划方面的资格证书，职业素养不断提升，这就为高校辅导员职业化提供了坚实的基础条件。

## 四、高校辅导员职业化的主要困难

### （一）岗位职责不清

高校辅导员是高校学生工作的一线人员，工作内容往往非常繁杂，这导致高校辅导员疲于应付各项日常事务，没有时间和精力来提升职业素养和能力。高校辅导员岗位职责不清的原因主要在三个方面：

一是将高校辅导员的群体职责混同为个体职责，机械地要求每一名高校辅导员要承担高校辅导员九大职能中的每一项工作，缺乏整体规划和协同。

二是将高校辅导员的职责泛化为与学生有关的所有工作，很多职能部门、职能科室的工作都由高校辅导员来承担。

三是高校辅导员的工作时间没有明确界限，节假日、下班后的时间与工作时间没有明确界限。

高校辅导员岗位职责不清导致很多辅导员陷入职业倦怠，难以在这个岗位上长期坚持。

### （二）专业基础薄弱

高校辅导员职业能力的形成往往需要建立在相应的专业知识和职业技能基

础之上。与高校辅导员工作密切相关的专业主要有思想政治教育、教育学、心理学、管理学等，但目前高校辅导员招聘往往是不限专业，这让很多高校辅导员所学的专业与高校辅导员工作相关性不大，导致很多高校辅导员职业化的专业基础薄弱。另外，由于高校辅导员工作繁忙，工作以后通过培训来提升专业知识和职业技能的时间不太充足、效果有限。因此，在高校辅导员推进职业化的过程中，薄弱的专业基础成为一个较为突出的问题。

## （三）考核评价体系不太科学

科学高效地评价高校辅导员工作有利于调动高校辅导员的工作积极性，提升高校辅导员工作绩效。目前的高校辅导员考核评价体系存在几个方面的问题：

一是很多高校没有根据高校辅导员工作的特点制定有针对性的考核评价体系，现有高校辅导员考核评价体系多是在原有教师或行政人员考核评价体系的基础上稍加修改而形成的。

二是高校辅导员工作内容非常繁杂，其中很多工作难以量化，这就导致难以形成认可度很高的评价标准。

三是高校辅导员的工作成效主要体现在学生的成长成才方面，而这是一个较为长期的过程，这就使得短期评价可能失真。

四是很多高校开展年度考核和评优评先时，将高校辅导员和专任教师、行政人员放在一起考核，这使得考核评价体系无法体现高校辅导员工作的特殊性。

## （四）职业成长通道不畅

《普通高等学校辅导员队伍建设规定》指出“专职辅导员具有教师和管理人员双重身份”，“高等学校应当制定专门办法和激励保障机制，落实专职辅导员职务职级‘双线’晋升要求，推动辅导员队伍专业化职业化建设”。从政策上来讲，国家给予了高校辅导员充分的发展空间，但是由于各高校制定“专门办法和激励保障机制”的进度不一，导致很多高校辅导员职业成长通道不畅，职务职称晋升困难。在行政职务的晋升上主要有两个问题：一是高校辅导员人数较多但学工口对应的科级、处级岗位相对较少。二是由于有对高校辅导员配备人数的考核要求，高校辅导员脱离专职辅导员身份竞争非学工口处级干部岗位一般会受到限制，但是非学工口干部一般可以竞争学工口处级干部岗位。在职称晋升方面，在没有制定出台“三单”政策的高校，高校辅导员要和专任老师竞争，评聘标准中对科研的要求比较高，由于高校辅导员主要的精力要放在处理学生事务上，高校辅导员晋升职称的难度很大。即使在已经制定出台“三单”政策的高校，有些高校单独划出的高校辅导员高级职称晋升名额也是少于按照人数比例计算的名额，这使得高校辅导员能够晋升高级职称的人数较少。

## 五、推动高校辅导员职业化的举措

高校辅导员职业化是大学生健康成长的内在要求，是高校辅导员队伍建设的方向。党和国家非常重视高校辅导员队伍建设，出台了一系列政策来推进高校辅导员职业化建设。在具体执行这些政策时，可以从以下几个方面重点推进。

### （一）健全高校辅导员职业准入机制

要推进高校辅导员的职业化，首先要健全高校辅导员职业准入机制。

一是要建立专业准入标准。高校辅导员的招聘需要设置专业门槛，主要面向思想政治教育、心理学、教育学等与高校辅导员工作相关的专业毕业生招聘，为高校辅导员职业化建设奠定良好的专业基础。

二是建立职业资格证制度。高校辅导员的工作是面向大学生、研究生这些高层次人才开展的，高校辅导员工作的难度日益提升，做好高校辅导员工作需要具备较高的职业素养。可以借鉴教师资格证、律师资格证等从业资格证的执行模式，建立高校辅导员资格证制度，确保高校辅导员的职业素养有基本的保证。

三是建立上岗培训和试用考核制度。在高校辅导员上岗之前，系统地开展上岗培训，将校情、学情和专业知识技能培训结合起来，让高校辅导员上好入职第一课，树立良好的第一职业印象。设置试用考核期，可以更加全面地考核新入职高校辅导员的情况，提升高校辅导员职业准入机制的科学性和有效性。

### （二）完善辅导员职业发展机制

一是进一步完善高校辅导员“双线”晋升的落实机制。在行政晋升方面，进一步增加行政职务或职级的数量，进一步扩大高校辅导员的培养使用范围，让大多数表现良好的高校辅导员都能有上升空间。在职称晋升方面，加大“三单”政策的落实力度，保证高校辅导员高级职称的人数比例，让广大高校辅导员对高级职称有希望、有信心、有行动，进一步推进高校辅导员的职业化、专家化。

二是进一步完善高校辅导员职业能力提升机制。建立完善的培训制度，通过短、中、长期的培训提升不同发展阶段高校辅导员的职业能力。推动建立高校辅导员协作团队，发挥高校辅导员工作室、资深高校辅导员的示范引领作用。健全高校辅导员交流制度，进一步提高高校辅导员校际交流、院级交流的力度，进一步完善相应的政策和后勤保障机制。

### （三）建立科学的高校辅导员评价机制

推进高校辅导员职业化，需要科学的评价机制作为保障。

首先，要确立“以学生为中心”的评价标准，将学生的满意度和学生的成长度作为核心指标。

其次，要进一步科学设置高校辅导员评价指标，评价指标要突出“以学生为中心”的评价导向、要符合具体的工作实际、要将定量指标和定性指标结合起来。

最后，要规范高校辅导员评价结果的使用，将高校辅导员的评价结果作为高校辅导员奖惩制度的主要依据。对于评价结果优秀的高校辅导员，要进行精神和物质奖励，在评优评先、双线晋升等方面优先推荐。对于评价结果不合格的高校辅导员，要进行教育和惩处，必要时启动高校辅导员退出机制。

# 第四章

# 高校辅导员职业素养培育

- ⊙ 高校辅导员职业素养的内涵
- ⊙ 高校辅导员职业素养的内容
- ⊙ 高校辅导员职业素养问题的原因分析
- ⊙ 高校辅导员职业素养培育的路径

# 一、高校辅导员职业素养的内涵

## （一）职业素养

职业素养是职业规范和要求在从业者身上的体现，既包括知识、技能的规范，也包括道德、品质的要求。职业素养是一个综合的概念，包括职业意识、职业道德、职业知识、职业能力四个大的方面。职业素养是后天形成的，需要在职场中不断磨炼。良好的职业素养是衡量一个人在职场中成熟程度的重要指标，是从业人员良好职业形象的关键支撑，是职业及其从业人员健康发展的必然要求。

## （二）高校辅导员职业素养

高校辅导员职业素养是指高校辅导员胜任工作所需要具备的由职业意识、职业道德、职业知识、职业能力组成的综合品质。良好的职业素养是高校辅导员顺利开展各项工作的重要前提，它有利于高校辅导员展现良好的职业形象和人格魅力，为胜任“人生导师和知心朋友”的工作角色打下良好的基础；有利于提升高校辅导员的团队意识和合作意识，为高校辅导员之间工作的协调与发展、交流与沟通、合作与成长创造良好的条件；有利于高校辅导员在拓宽本职工作更大发展空间的前提下，实现自我的不断完善和可持续发展，从而赢得学生、家长、学校和社会的认可。①

## 二、高校辅导员职业素养的内容

### （一）职业意识

职业意识是从业人员对所处行业的认知和情感状态。高校辅导员职业意识集中体现在政治意识、理想信念和职业愿景三个方面。

#### 1. 政治意识

立德树人是高校人才培养的根本任务，社会主义建设者和接班人是高校人才培养的目标。高校人才培养质量不仅要考量大学生的专业学习情况，更要考量大学生的政治素养情况。“德才兼备、以德为先”既是用人的标准，也是育人的标准，“德”的首要含义就是政治素养。作为高校辅导员，首要的职业意识是政治意识，高校辅导员要胜任工作必须具备良好的政治判断力、政治领悟力、政治执行力，才能帮助大学生辨别各种政治现象、站稳政治立场、提升政治觉悟。

#### 2. 理想信念

高校辅导员的首要职责就是思想理论教育和价值引领，这就需要高校辅导员具有良好的价值判断力和价值引领力。在经济全球化和信息网络时代，大学生要面对各种价值观念的冲击，使得大学生价值观念呈现多元化的状况。如何引导大学生树立科学的世界观、人生观、价值观是高校辅导员必须大力解决的问题。坚定的理想信念是高校辅导员树立职业形象、站稳价值立场、引导大学生树立正确价值观的关键。坚定的理想信念主要体现在对社会主义核心价值体系的认知、认同和践行上，高校辅导员具有坚定的理想信念才能引导大学生树立正确的世界观、人生观、价值观，才能引导大学生认知、认同、践行社会主义核心价值观，才能培育大学生爱党、爱国、爱人民的家国情怀。

#### 3. 职业愿景

愿景是人们对未来的期待和展望，往往能够激发人们为目标而奋斗的动力。职业愿景是从业人员对职业发展的规划和期待，是从业人员工作动力的深层次

---

① 顾晓虎.高校辅导员的职业素养及其养成[J].教育与职业，2008(15)：131-132.

源泉。高校辅导员的职业愿景就是高校辅导员对这份工作的规划和期待，是激励高校辅导员为学生工作事业奋斗的动力源泉，高校辅导员愿景包括个人愿景、团队愿景和组织共同愿景。高校辅导员队伍的组织共同愿景、团队愿景和辅导员个人愿景三者之间是辩证统一、相互促进的关系，辅导员个人愿景是一切愿景的基础，只有建立起辅导员的个人愿景，共同愿景才会在团队和组织中形成，而辅导员队伍的组织共同愿景和团队愿景是在辅导员个人愿景在组织和团队内互动和协同的基础上所形成的。①

## （二）职业道德

道德是人们在长期的生活中形成的言行准则和规范。职业道德是指从业人员在职业行为中应当遵守的准则和规范。职业道德是高校辅导员履职尽责的行为指南，是高校辅导员职业形象和职业权威的内在支撑。

### 1. 职业操守

职业操守是从事职业工作的人员必须遵循的道德行为标准，它不是一种强制性的行为要求，而是一种内在的道德要求。高校辅导员的职业操守是高校辅导员做好本职工作的内在要求和基本保证。职业操守表现为对职业道德的认同和坚守。高校辅导员职业操守既表现为遵守高校辅导员职业道德，更表现为对“以学生为中心”理念的坚守和践行。

### 2. 道德修养

道德修养是人的道德活动形式之一，是指个人为实现一定的理想人格而在意识和行为方面进行的道德上的自我锻炼，以及由此达到的道德境界。良好的道德修养是社会对高校辅导员这一身份的基本要求，也是高校辅导员在具体工作中获得支持、信任、认可、赞许、爱戴的重要前提和条件。高校辅导员作为大学生的人生导师和知心朋友，其道德修养对大学生有着深远的影响，对高校人才培养质量有着直接的影响。高校辅导员直接在大学生一线开展工作，他们的道德修养情况对大学生道德观念和道德行为的形成有着示范引领和强化定向的作用。

### 3. 品格态度

品格态度是人的人品、人格以及做事的风格态度。品格态度对高校辅导员工作质量有着重要的影响。高校辅导员工作是一项高难度的工作，既表现为事

---

① 秦嘉伟.提升高校辅导员职业素养的对策研究[D].渤海：渤海大学，2021.

务繁多,又表现为难度大、压力大。高校辅导员的品格态度直接影响高校辅导员工作的质量。高校辅导员良好的品格态度主要体现为工作的高效率、工作压力高耐受性和乐观积极的工作态度。

### (三) 职业能力

职业能力是从业人员在职业活动中需要具备的各项技能的总和,是从业人员胜任工作的基本要求。高校辅导员职业能力情况反映了高校辅导员自身能力水平,也体现了高校辅导员职业化发展程度,直接影响高校辅导员工作效果。高校辅导员职业能力主要体现在以下几个方面:

#### 1. 价值引领能力

培养社会主义建设者和接班人是我国高校人才培养的目标,用马克思主义理论武装大学生,帮助大学生树立正确的世界观、人生观、价值观,是高校辅导员的首要职责。高校辅导员的价值引领能力就是指高校辅导员用科学理论武装大学生的能力、引导大学生认同和践行社会主义核心价值观的能力、指导大学生形成正确的价值判断力的能力、带领大学生坚定和践行理想信念的能力。高校辅导员价值引领能力事关高校人才培养质量,是高校辅导员首要的职业能力。

#### 2. 管理服务能力

管理服务能力可以说是高校辅导员在工作实践中运用组织管理技能、领导艺术提高管理和服务效率的能力。高校辅导员是学生日常管理和服务的组织者、实施者和指导者,这就要求高校辅导员具有较强的管理服务能力。党团组织建设和班级管理是高校辅导员日常管理的重要内容,如何塑造良好的组织文化、如何打造坚强有力的学生骨干队伍、如何保证组织的高效有序运转是高校辅导员工作中需要解决的问题。学业生涯指导、就业服务是高校辅导员服务工作的主要内容,这些服务工作的专业性越来越强,对高校辅导员管理服务能力提出了更高的要求。

#### 3. 沟通交际能力

高校辅导员要成为大学生们的人生导师和知心朋友,具备较强的沟通交际能力非常必要。“亲其师,信其道”,高校辅导员能否取得学生的信赖,是各项工作能否取得良好效果的重要影响因素。高校辅导员要提升沟通交际能力,首先,要了解和学会应用“青言青语”,“知己知彼”才能让交流更加顺畅。其次,要学习和在实践中不断提升与大学生交流的技巧,灵活应用“倾听”“共情”“疏导”“换位思考”等沟通交流的方式方法。最后，要及时回应大学生“急难愁盼”的问题，急学生所急，在解决问题的过程中加深师生交流的深度。

**4. 应急管理能力**

维护大学生的生命财产安全是高校辅导员工作的基础和底线，面对突发事件能否妥善处理与高校辅导员应急管理能力水平有着密切的关系。应急管理能力包括预防能力、应急响应能力、救援能力、复原与重建能力。高校辅导员应急管理能力主要体现在安全教育的能力、突发现场处理能力和突发事件后续处理能力。由于涉及大学生生命财产安全的突发事件类型比较多，提升高校辅导员应急管理能力要针对各种场景对高校辅导员进行培训和现场演练，切实做到“知行合一”。

## （四）职业知识

职业知识是从业人员在职业生涯中要用到的知识，广义的职业知识既包括通用的基础知识，也包括与职业密切相关的专业知识；狭义的职业知识主要是指与所从事工作密切相关的知识。高校辅导员的职业知识是指其通过学习、实践而获得的与工作相关的知识体系和文化素养。职业知识是高校辅导员职业化的理论基础，也是高校辅导员多重性角色的要求。[①]

**1. 专业理论知识**

立德树人的首要任务是用马克思主义最新理论成果武装青年大学生，因此高校辅导员首先要具备马克思主义理论专业知识。思想政治教育、教育学、心理学、管理学的专业知识也是高校辅导员开展工作需要具备的专业理论知识。高校辅导员只有具备专业理论知识才能不断提升职业能力、强化职业权威，从而获得大学生和各方面的认可。

**2. 科学文化综合知识**

人文历史知识、社会学知识、法律知识、网络技术知识等科学文化综合知识不仅是高校辅导员自身修养和文化水平提升的前提，也是大学生成长成才的基石。高校辅导员不仅要掌握专业理论知识，还需要具有广博的科学文化综合知识。只有这样，才能有广博的视野、敏锐的观察力和高水准的判断力，才能满足大学生对高校辅导员的期盼和自身发展的需求。[②]

---

① 龙世邦.高校辅导员职业素养研究[D].广州：广东外语外贸大学，2018.

② 秦嘉伟.提升高校辅导员职业素养的对策研究[D].渤海：渤海大学，2021.

## 三、高校辅导员职业素养问题的原因分析

随着我国高校辅导员制度的普遍实施和高校辅导员队伍职业化建设的推动，高校辅导员群体的职业素养也得到了明显的提升。当前我国进入了新时代，新时代面临着新形势、新要求，高校辅导员的职业素养被赋予了新的时代内涵。当前高校辅导员职业素养水平与新时代党、国家、社会、高校和大学生的期望水平还存在一定的差距，依然有职业意识存在偏差、职业能力尚待进一步提高、知识结构不够合理等问题。只有深入分析探讨问题产生的原因，才能找到有针对性的措施来提升高校辅导员的职业素养水平。

### （一）不良社会因素的影响

在经济全球化和信息网络化的背景下，功利主义、个人主义思想对每一个社会成员的思想和行为都产生了影响，无论是高校辅导员还是大学生都会受到不良社会思潮的冲击。在大学生价值多元化的今天，高校辅导员不仅要进行价值取向的自我拷问，还要与不同价值取向的大学生进行价值观的论战。在这样的环境中，一部分高校辅导员价值判断力、职业能力还存在问题。

缺乏社会认可和遭受社会苛责也是形成高校辅导员职业素养问题的重要原因。专职辅导员的设置让高校辅导员有了更多精力来从事学生工作，但是教学、科研工作的弱化导致了高校辅导员“教师权威性”的弱化和社会认可度的降低。随着高等教育的规模越来越大，大学生的个性差异越来越大，高校辅导员工作的复杂性和难度越来越大，但是社会各界对“高校辅导员完全胜任工作”的期待仍然维持在比较高的水平。这导致高校辅导员工作一旦出现问题，往往面临来自各方面的强大压力。在这样的环境中，高校辅导员职业素养容易出现问题。

### （二）制度不健全的影响

高校辅导员的职业化过程需要完善的制度加以保障，规章制度是保证高校辅导员职业发展和开展各项工作的基本保障。党和国家出台了一系列政策文件，有力地促进了高校辅导员职业化建设。但落实这些政策的具体规章制度尚

不健全，影响了高校辅导员提升职业素养。

首先，针对相关政策落实的监管制度尚不健全。例如，2017年9月教育部颁布的《普通高等学校辅导员队伍建设规定》明确规定了高校辅导员职称晋升实行单列政策，但是目前还有一些高校尚未落实，也没有相关的监管制度进行监管。其次，高校辅导员选聘制度尚需细化。《普通高等学校辅导员队伍建设规定》明确规定了高校辅导员应当"具有从事思想政治教育工作相关学科的宽口径知识储备"，但如何落实这条标准尚未有具体制度规定，导致部分高校辅导员在职业素养方面存在"先天不足"。最后，高校辅导员工作评价尚无具体评价标准。这导致各个高校对高校辅导员的评价方式方法有很大不同，各级机关推选的"优秀辅导员"个性十足，让很多高校辅导员对职业发展产生迷茫。

### （三）高校辅导员自身因素的影响

制约高校辅导员职业素养提升的因素除了外因，更为重要的是内因，即高校辅导员自身因素的影响，集中表现为部分高校辅导员自我学习的主动性不足。

首先，由于目前的高校辅导员考核评价体系尚未健全，高校辅导员自我学习的压力普遍不足。其次，部分高校辅导员只是把辅导员工作作为进入高校的跳板，自我学习的动力不足。最后，还有部分高校辅导员对职业发展比较迷茫，缺少持之以恒提升职业素养的决心。

## 四、高校辅导员职业素养培育的路径

### （一）优化高校辅导员职业素养培育的环境

环境对人的发展有着潜移默化的影响。优化高校辅导员职业素养培养的环境能够促进高校辅导员提升职业素养。

#### 1. 营造良好的社会舆论环境

社会舆论环境可以改变大众对事情的认知，要引导人们正确地看待高校辅导员的工作。一方面，社会舆论要表达党和国家对高校辅导员工作的重视，高校辅导员工作的重要性、复杂性和具体职责，让社会各界正确地认知和理性地评价高校辅导员工作;另一方面,要利用各种平台宣传高校优秀辅导员的事迹,树立高校辅导员的职业形象,让高校辅导员工作获得更多的社会认可。

### 2. 营造良好的工作环境

工作环境的好坏直接影响高校辅导员的工作成就感和认同感。营造良好的工作环境一方面要保障高校辅导员的工作福利和办公条件,另一方面要保证高校辅导员闲暇时间,更重要的是营造尊师重教的良好氛围。在这样的环境中,高校辅导员更容易焕发出工作的活力,更容易激发出提升职业素养的积极性和主动性。

## (二) 健全高校辅导员职业素养培育的制度机制

健全的制度机制是高校辅导员开展工作的基本保障,是高校辅导员提升职业素养的制度动力。

### 1. 建立落实党和国家政策的监管制度

党和国家高度重视高校辅导员队伍建设,先后出台了一系列政策,这些政策为高校辅导员职业化建设指明了方向、提供了保障。但是,各高校落实政策的力度不一,影响了高校辅导员职业化建设的进程。需要建立落实党和国家关于高校辅导员队伍建设的相关政策的监管制度,确保高校辅导员队伍建设的稳步推进。

### 2. 完善高校辅导员的选聘制度

高校辅导员选聘制度是高校辅导员队伍建设的入口,是高校辅导员职业素养培育的基础。完善高校辅导员选聘制度就是要细化高校辅导员的选聘要求,并且将这些选聘要求系统化、可操作化。高校辅导员职业资格制度的建立是完善高校辅导员选聘制度的一个发展方向。

### 3. 健全高校辅导员的教育培训制度

高校辅导员职业素质的高低与高校辅导员教育培训制度有着密切的关系。目前,国家、省级和高等学校三级辅导员培训体系已经建立,但是各省、各校的建设水平参差不齐,国家层面的培训覆盖面还有待进一步扩大。2014年教育部发布《高校辅导员职业能力标准(暂行)》,对高校辅导员培训作了相关规定,但是落实细则尚未出台,各高校落实情况不一,影响了高校辅导员职业素养的培育。

### 4. 优化高校辅导员考核评价机制

高校辅导员的考核评价机制是高校辅导员职业发展的导向,目前各个高校的辅导员考核评价方式方法不尽相同,效果也大不一样。优化高校辅导员考核评价机制需要进一步明确“以学生为中心”的导向,将定量考核和定性考核结合起来,统筹学校、学院、同事、学生的评价结果。要进一步明确高校辅导员考核评价的结果使用方法,让优秀辅导员在各方面脱颖而出。

#### 5. 强化高校辅导员激励机制

要进一步激励调动高校辅导员提升职业素养的积极性和主动性。对职业素养优秀的高校辅导员要给予物质和精神奖励并进行隆重表彰,要进一步提升高校辅导员的工作待遇,要进一步扩大优秀辅导员的表彰范围,要进一步明确高校辅导员双重晋升的具体办法,让高校辅导员愿意干、长期干、干出成绩。

### (三) 发挥高校辅导员职业素养培育的主观能动性

高校辅导员职业素养的培育不仅受到外在因素的影响,更为重要的是高校辅导员自身的主观能动性。

#### 1. 树立正确的自我意识

正确地看待高校辅导员这份工作,明确自身的角色定位。高校辅导员工作固然重要,但也和其他工作一样,只是众多职业工作中的一种,不能过于强调这项工作的重要性而不认同其他工作的重要性。同样的,工资福利待遇、职业发展等方面也不能要求过高,“与同级别的专任教师(行政人员)相似”可以作为一个参考标准。

#### 2. 坚持不断地学习和研究

随着职业生涯的推进,高校辅导员的身份会实现初级辅导员、中级辅导员、高级辅导员的转变,每一届的学生也会呈现一些不同的特点,这就让高校辅导员的胜任力不断受到挑战。只有坚持不断地学习和研究,才能不断提升职业素养,才能胜任这份不断变化的工作。

#### 3. 勇于创新

学生在一届一届地不断变化,每年面临的学生工作难题也在不断地变化,高校辅导员也需要不断创新工作方式方法。只有不断创新,才能因应大学生们的新需求,才能因应学生工作的新变化。高校辅导员的创新不是漫无目的的创新,要坚持问题导向,以学生工作的效果作为评价标准。高校辅导员只有勇于创新,才能不断提升职业素养,不断提升工作效果。

# 第五章

# 高校辅导员马克思主义素养培育

- ⊙ 马克思主义素养与高校辅导员马克思主义素养
- ⊙ 高校辅导员提升马克思主义素养的重要意义
- ⊙ 高校辅导员马克思主义素养调查相关情况
- ⊙ 高校辅导员马克思主义素养培育措施与应然要求

马克思主义素养是高校辅导员理论素养的首要内容，高校辅导员提升马克思主义素养是高校贯彻落实党的教育方针、加强和改进大学生思想政治教育的内在需要，是高校辅导员胜任本职工作、实现职业化、专业化发展的必然要求。

## 一、马克思主义素养与高校辅导员马克思主义素养

### （一）素养

素养是指人的修习涵养，素养的形成需要生理基础，但更重要的是环境的影响和自身的学习。素养对人的影响是方方面面的，一个人的利益立场、价值判断、行为选择都深受自身素养的影响。素养对内表现为人的观点、心理活动，对外表现为人的情感和行为选择。素养的培育是一个复杂的过程，是一个知、情、意相互结合的综合过程。在素养的培育过程中要充分发挥培育对象的主体性，重视内因的决定作用；也要重视外因的影响，创造良好的培育条件，营造良好的社会环境。①

### （二）马克思主义素养

马克思主义素养是指一个人在马克思主义认知、态度和行为方面的修习和

① 柳清.当代青年马克思主义素养培育研究[D].北京：中国地质大学，2018：24-25.

涵养。具体来讲就是能否熟悉马克思主义理论知识，能否科学地认识和对待马克思主义，能否熟练地运用马克思主义的立场、观点和方法分析问题和解决问题，能否积极有效地传播马克思主义。提升马克思主义素养不能对马克思主义“生搬硬套”，要根据时间、地点、环境的变化辩证地看待和分析问题；要学以致用，理论联系实际，积极投身实践，不断检验和完善理论。

高校辅导员的马克思主义素养集中体现为能否较为系统地掌握马克思主义的理论知识，尤其是它的最新成果——习近平新时代中国特色社会主义思想；能否科学地信仰马克思主义；能否熟练地应用马克思主义的立场、观点、方法分析和解决工作和生活中的问题；能否在工作生活中熟练宣讲和积极传播马克思主义；能否根据青年大学生的特点，引导青年大学生树立马克思主义的世界观和人生观，用马克思主义及其最新成果——习近平新时代中国特色社会主义思想武装青年大学生。

## 二、高校辅导员提升马克思主义素养的重要意义

### （一）是高校贯彻落实党的教育方针的需要

培养什么人是教育的首要问题，是高校的重要任务，事关党和国家的前途和命运。习近平总书记在全国教育大会上的讲话指出：“思想政治工作是学校各项工作的生命线。”“必须把培养社会主义建设者和接班人作为根本任务，培养一代又一代拥护中国共产党领导和我国社会主义制度、立志为中国特色社会主义奋斗终身的有用人才。”[①]贯彻党的教育方针，培养社会主义建设者和接班人，必须用马克思主义武装青年大学生。作为奋战在一线的高校辅导员，具有教师和管理人员双重身份，不仅在第一课堂中承担了部分课程的教学任务，而且是第二课堂的主要指导者，在高校人才培养中发挥着重要作用。高校辅导员能否拥有良好的马克思主义素养事关高校人才培养的成败。

---

① 坚持中国特色社会主义教育发展道路　培养德智体美劳全面发展的社会主义建设者和接班人[J].紫光阁，2018(10)：8-9.

## （二）是进一步加强和改进大学生思想政治教育的内在需要

大学生是宝贵的人才资源，是社会主义建设的生力军，把青年大学生培养成合格的社会主义建设者和接班人事关中华民族的伟大复兴，事关社会主义的兴旺发达。加强和改进大学生思想政治教育的首要任务是用马克思主义中国化最新理论成果——习近平新时代中国特色社会主义思想武装青年大学生。在思想政治教育领域，正确的思想不去占领，错误的思想就会泛滥。当今大学生受到多元价值观冲击，受到诸多社会负面信息的影响，受到某些腐朽生活方式的诱惑，如果没有正确的思想指引，难免会误入歧途。要加强和改进大学生思想政治教育就必须对大学生开展马克思主义的教育，引导大学生形成正确的世界观、人生观、价值观，增强大学生的价值判断力和是非判断力，坚定大学生的社会主义立场。

习近平总书记在全国高校思想政治教育工作会议上指出："要坚持不懈传播马克思主义科学理论，抓好马克思主义理论教育。"同时指出："高校教师要坚持教育者先受教育，努力成为先进思想文化的传播者、党执政的坚定支持者，更好地担起学生健康成长指导者和引路人的责任。"①

高校辅导员作为一线思想政治工作人员，在加强和改进大学生思想政治教育中的作用日益凸显。高校辅导员的马克思主义素养直接或间接地影响大学生思想政治教育工作的成效。②

## （三）是高校辅导员胜任本职工作的必然要求

《普通高等学校辅导员队伍建设规定》明确指出："辅导员是开展大学生思想政治教育的骨干力量，是高校学生日常思想政治教育和管理工作的组织者、实施者、指导者"，高校辅导员要"掌握马克思主义中国化相关理论和知识"。高校辅导员的首要职责是引领青年大学生坚定中国特色社会主义道路自信、理论自信、制度自信、文化自信。高校辅导员要达到以上要求，胜任大学生思想政治教育工

① 吴晶，胡浩．习近平在全国高校思想政治工作会议上强调 把思想政治工作贯穿教育教学全过程 开创我国高等教育事业发展新局面[J]．中国高等教育，2016(24)：5-7.

② 朱琳．高校辅导员在青年大学生中推进马克思主义大众化的作用[J]．高校辅导员学刊，2014，6(1)：39-41，48.

作，首先要用马克思主义中国化最新理论成果——习近平新时代中国特色社会主义思想武装自身，不仅要系统地了解和理解马克思主义，还要能够在学习生活中熟练地应用马克思主义。高校辅导员具备了良好的马克思主义素养才能在培养社会主义事业合格建设者和可靠接班人的历史使命中有所作为。

### （四）是高校辅导员职业化专业化发展的需要

随着时代的变化，大学生思想政治工作的难度和复杂度越来越大，高校辅导员的工作要获得学生和社会的认同越来越难。"万金油"式的辅导员已经不能适应时代的要求。职业规范和专业素养是高校辅导员胜任工作、获得认同和谋求发展的必备要素。高校辅导员的首要职责是思想引领，马克思主义素养是高校辅导员职业素养提升内容的重中之重。高校辅导员只有"真懂真信"马克思主义，才能成为大学生思想政治教育的专家，才能在职业化、专业化的道路上不断进步和发展。

## 三、高校辅导员马克思主义素养调查相关情况

为了更好地了解高校辅导员马克思主义素养情况，笔者于2019年对10所本科院校和10所高职高专院校的辅导员进行了问卷调查。问卷是在查阅相关文献，借鉴刘楠、柳清等人的调查问卷的基础上自行编制的，调查问卷分为高校辅导员基本情况和高校辅导员马克思主义素养两个部分，调查对象为《普通高等学校辅导员队伍建设规定》所指的专职辅导员[专职辅导员是指在院（系）专职从事大学生日常思想政治教育工作的人员，包括院（系）党委（党总支）副书记、学工组长、团委（团总支）书记等专职工作人员]。共计发放回收问卷441份，其中男性138人，占比31.29%；女性303人，占比68.71%。调查对象行政级别分布情况为：处级9人，占比2.04%；科级69人，占比15.65%；无行政级别363人，占比82.31%。调查对象的职称分布情况为：教授3人，占比0.68%；副教授10人，占比2.27%；讲师88人，占比19.95%；助教54人，占比12.24%；无职称286人，占比64.86%。调查对象的学历分布情况为本科及以下285人，占比64.63%；硕士研究生为145人，占比32.88%；博士研究生为11人，占比2.49%。高校辅导员基本情况的各项数据都比较正常，说明此次调查问卷具有一定的代表性。问卷调查具体情况如表

5.1所示。

**表5.1　高校辅导员马克思主义素养调查情况汇总**

| 序号 | 题　项 | 选项情况 | | | |
|---|---|---|---|---|---|
| 1 | 您认为,您对马克思主义理论的了解程度是 | A系统了解(36.73 %) | B了解,但不系统(42.63 %) | C只知道较少的内容(18.14 %) | D不了解(2.50 %) |
| 2 | 您认为,您对马克思主义的理解程度是 | A能够很好地理解(31.52 %) | B基本能够理解(64.40 %) | C完全不能理解(4.08 %) | |
| 3 | 您是以哪种学科背景应聘高校辅导员岗位 | A马克思主义理论及思想政治教育相关专业(42.18 %) | B其他(57.72 %) | | |
| 4 | 您认为,您在工作中运用马克思主义理论的情况是 | A能够很好地运用(27.44 %) | B能够运用一部分(61.22 %) | C不会运用(11.34 %) | |
| 5 | 您认为,您对马克思主义理论的宣讲水平是 | A非常善于宣讲(23.36 %) | B能够进行宣讲(48.53 %) | C不会宣讲(28.11 %) | |
| 6 | 您对提升马克思主义素养的态度是 | A积极主动(72.34 %) | B被动提升(21.54 %) | C完全抵触(0.23 %) | D无所谓(5.89 %) |
| 7 | 您是否在入职后继续进行马克思主义理论及思想政治教育相关专业的学习 | A是(67.80 %) | B否(32.20 %) | | |
| 8 | 您是否参加过提升马克思主义素养的相关培训 | A参加过很多次(24.72 %) | B参加过,不多(51.02 %) | C没有参加过(24.26 %) | |
| 9 | 您认为,参加的辅导员培训对您提升马克思主义素养的作用 | A很大(53.74 %) | B一般(37.87 %) | C没有(2.49 %) | D难以评价(5.90 %) |
| 10 | 您认为,您是否有足够的时间和精力提升马克思主义素养 | A有很多时间(28.57 %) | B有,不多(54.88 %) | C基本没有(13.38 %) | D完全没有(3.17 %) |
| 11 | 您认为,占用您大量时间和精力的是 | A工作内容过多(26.98 %) | B工作压力过大(9.07 %) | C两者都有(49.89 %) | D其他(14.06 %) |

续表

| 序号 | 题　　项 | 选项情况 | | | |
|---|---|---|---|---|---|
| 12 | 您认为，国家、学校制定的高校辅导员的相关政策，是否有利于您马克思主义素养的提升 | A非常有利于（52.15 %） | B一般（37.64 %） | C不利于（4.31 %） | D难以评价（5.90 %） |
| 13 | 您认为，国家、高校是否为您继续进行马克思主义理论及思想政治教育相关专业的学习提供了优惠的政策条件 | A提供了很多（43.76 %） | B一般（43.54 %） | C未提供（6.58 %） | D难以评价（6.12 %） |

（1）高校辅导员对马克思主义的“了解”和“理解”程度都比较低，这两方面的调查情况和高校辅导员的学科背景情况明显相关。高校辅导员“系统了解”马克思主义的比例为36.73%（题项1），“能够很好地理解”马克思主义的比例为31.52%（题项2），两者的比例在三分之一左右，都是比较低的比例。高校辅导员的学科背景为“马克思主义理论及思想政治教育相关专业”的比例为42.18%（题项3），分别以“对马克思主义的了解程度”“对马克思主义的理解程度”为自变量，“高校辅导员的学科背景”为因变量进行交叉分析，结果表明高校辅导员是否具有马克思主义学科背景对其“了解”和“理解”马克思主义有明显的影响（表5.2，表5.3），说明高校辅导员的学科背景对高校辅导员的马克思主义素养提升有明显影响。

**表5.2　高校辅导员的学科背景对马克思主义素养了解程度的影响**

| | 马克思主义理论及思想政治教育相关专业 | 其他专业 |
|---|---|---|
| A系统了解 | 62.96% | 37.04% |
| B了解，但不系统 | 32.98% | 67.02% |
| C只知道较少的内容 | 25.00% | 75.00% |
| D不了解 | 18.18% | 81.82% |

**表5.3　高校辅导员的学科背景对马克思主义素养理解程度的影响**

| | 马克思主义理论及思想政治教育相关专业 | 其他专业 |
|---|---|---|
| A能够很好地理解 | 70.50% | 29.50% |
| B基本能够理解 | 30.63% | 69.37% |
| C完全不能理解 | 5.56% | 94.44% |

（2）高校辅导员马克思主义实践能力较差，需要大力提升。高校辅导员“在工作中能够很好地应用”马克思主义的比例为27.44%（题项4），“非常善于宣讲”马克思主义的比例为23.36%（题项5），这两个比例都很低，远远达不到国家对高

校辅导员“掌握马克思主义中国化相关理论和知识”的要求，高校辅导员的马克思主义实践能力需要大力提升。

(3) 高校辅导员提升马克思主义素养的意愿强烈，在实际行动方面表现良好。持“积极主动”提升马克思主义素养态度的高校辅导员的比例为72.34%(题项6)，入职后继续进行马克思主义及思想政治教育相关专业学位学习的高校辅导员的比例为67.8%(题项7)。

(4) 高校辅导员参加的提升马克思主义素养的培训不是很多，培训对辅导员马克思主义素养的提升有较大作用。“参加过很多次”提升马克思主义素养的相关培训的比例为24.72%(题项8)，认为参加的培训对提升马克思主义素养作用“很大”的比例为53.74%(题项9)。

(5) 在高校辅导员提升马克思主义素养的时间和精力方面，大部分辅导员认为不充足。与之相应的是“工作内容过多”“工作压力过大”占用了高校辅导员大量的时间和精力。提升马克思主义素养的时间和精力“有，不多”的比例为54.88%，“基本没有”的比例为13.38%，“完全没有”的比例为3.17%，三者合计为71.43%，远远超过50%(题项10)。占用高校辅导员大量时间和精力的原因中“工作内容过多”的比例为26.98%，“工作压力过大”的比例为9.07%，“两者都有”的比例为49.89%，三者合计比例达到了85.94%(题项11)。

(6) 在国家、高校推进高校辅导员马克思主义素养提升方面认可度比较高。在国家、学校制定的相关政策是否有利于您马克思主义素养提升方面，选择“非常有利于”的比例为52.15%，“一般”的比例为37.64%，两项比例合计为89.79%(题项12)。在国家、高校是否为您继续进行马克思主义理论及思想政治教育相关专业的学习提供了优惠的政策条件方面，选择“提供了很多”的比例为43.76%，“一般”的比例为43.54%，两项合计比例87.3%(题项13)。

## 四、高校辅导员马克思主义素养培育措施与应然要求

### (一) 健全高校辅导员的马克思主义素养的学习和提升机制

从以上调查中我们发现高校辅导员对马克思主义的“了解”和“理解”程度都比较低，高校辅导员“系统了解”马克思主义的比例为36.73%，“能够很好地理解”马克思主义的比例为31.52%。主要的原因在于马克思主义理论是一个庞大的体

系，包含马克思主义哲学、马克思主义政治经济学、科学社会主义三大部分，涉及的理论著作非常多。高校辅导员要较为系统地掌握马克思主义理论必须较为全面地研读马克思主义经典著作和习近平新时代中国特色社会主义思想。这不是一个短期能够完成的工作，高校辅导员必须长期地有计划有步骤地开展学习。鉴于高校辅导员日常工作繁忙的特点，这种学习更多地落实在自我学习和分散学习的形式上。

以上调查表明高校辅导员参加的提升马克思主义素养的培训不是很多，但相关的培训对辅导员马克思主义素养的提升有较大作用。各高校要依托国家、省级、高等学校三级高校辅导员培训体系，有针对性地开展讲座、参观学习、专家宣讲等形式多样的马克思主义素养培训。高水平的培训不仅能够传播知识，还能够促进交流，传递情感，有利于提升高校辅导员学习马克思主义的水平和动力。特别是马克思主义者的事迹往往能够引起高校辅导员对马克思主义的情感共鸣和信仰认同，促进高校辅导员马克思主义素养的提升。

相关部门和单位要搭建高校辅导员马克思主义素养提升的平台。鼓励高校辅导员攻读马克思主义理论的专业学位(调查发现高校辅导员是否具有马克思主义学科背景对其“了解”和“理解”马克思主义有明显的影响)、参加校际访问交流、开展国内外交流学习。鼓励高校辅导员开展马克思主义相关研究，评聘思政系列职称，逐步成长为马克思主义专家。

### (二) 完善激励考核机制，保障高校辅导员马克思主义素养提升的时间和空间

“高校辅导员马克思主义素养调查”的结果表明目前高校辅导员的马克思主义素养总体水平还达不到党和国家的要求，主要的原因有日常事务过多、学习提升时间不够；具有马克思主义学科背景的辅导员不多(仅为42.18%)。在个别访谈中了解到部分高校在对高校辅导员的考核中，对日常事务的考核比较严格，往往有量化的指标，而对高校辅导员马克思主义素养和思想引领能力的考核比较宽松，往往没有比较硬性的指标，马克思主义素养水平对高校辅导员的考核、奖励、提升影响不大，这导致很多辅导员提升马克思主义素养的意愿不强，投入的时间和精力也不足。而马克思主义素养的提升是一个系统的工程，是一个知、情、意相结合，认识与实践不断检验和印证的过程，需要大量的时间和空间。因此，高校要完善激励考核机制，保障高校辅导员马克思主义素养提升的时间和空间。

### （三）高校辅导员要精通马克思主义中国化最新理论成果

当前高校辅导员思想引领的首要任务是用马克思主义中国化的最新理论成果——习近平新时代中国特色社会主义思想武装青年大学生。马克思主义中国化的理论成果，是中国共产党人应用马克思主义立场、观点、方法分析中国革命和建设的实际问题，在实践中不断发展马克思主义的优秀成果。习近平新时代中国特色社会主义思想，是以习近平同志为核心的党中央对十八大以来我们党理论创新成果的最新概括和表述，在准确把握新时代特点和特色的情况下，系统回答了新时代坚持和发展什么样的中国特色社会主义、怎样坚持和发展中国特色社会主义等重大问题。这是高校辅导员开展大学生思想政治教育工作的行动指南。[①]高校辅导员提升马克思主义素养的首要任务是系统地学习和掌握中国特色社会主义理论体系，只有掌握了马克思主义中国化的最新理论成果，才能对党和国家的路线方针政策透彻理解，才能科学认识、正确判断各种社会现象，才能真懂真信马克思主义、坚定马克思主义信仰。唯有如此，才能对大学生面临的各种新思潮"条分缕析"，科学地解答大学生的思想问题，引导大学生用马克思主义的立场、观点、方法分析学习生活中的各种问题，进而确立马克思主义信仰。

### （四）推动高校辅导员投身到传播应用马克思主义的实践中去提升本领

调查表明高校辅导员马克思主义实践能力较差，高校辅导员"在工作中能够很好地应用"马克思主义理论的比例仅为27.44％，"非常善于宣讲"马克思主义理论的比例仅为23.36％，必须推动高校辅导员投身到传播应用马克思主义的实践中去提升本领，重点抓好以下三方面的实践。

（1）高校辅导员具有教师和管理干部的双重身份，高校"形势与政策"课程一般由辅导员担任，这是高校辅导员进行马克思主义宣讲、应用马克思主义理论分析现实问题、引导大学生信仰马克思主义的重要平台，也是高校辅导员提升马克思主义实践能力的重要平台。

（2）2007年5月15日，团中央在北京启动了"青年马克思主义者培养工程"，

---

① 邸乘光．论习近平新时代中国特色社会主义思想[J]．新疆师范大学学报（哲学社会科学版），2018，39(2)：7-21.

希望在广大青年中着力培养造就一大批用马克思主义中国化的最新成果武装的马克思主义者。高校辅导员作为高校思想政治工作的一线承担者，在高校青年马克思主义者的培养过程中发挥着重要作用。高校辅导员积极参与“青年马克思主义者培养工程”对于传播马克思主义、提升自身马克思主义素养都具有非常重要的作用。

(3) 用马克思主义贯穿日常思想政治工作。高校辅导员在谈心谈话、党团工作指导、主题班会等日常思想政治工作中，要自觉运用马克思主义的立场、观点、方法来思考和解决问题，引导青年大学生树立马克思主义世界观、人生观、价值观。这是一个“教学相长”的过程，高校辅导员在教育引导大学生的同时，自身的马克思主义素养水平也将不断地提高。

## （五）高校辅导员要特别注意用马克思主义占领“网络”阵地

网络是当前青年大学生的重要聚集点，是大学生思想政治教育的重要阵地。网络具有传播快、信息广、虚拟性强等特点，一方面为大学生学习交流提供了便利，另一方面充斥网络的假信息、西方价值观、腐朽生活方式等使一部分大学生迷失其中。网络占用了大学生的大量时间，衍生了大学生的网络生存模式。对于这种新型的大学生生活方式和活动空间，高校辅导员必须辩证地分析，认真地对待。在网络时代，要做好大学生思想政治教育必须主动地用马克思主义去占领“网络”阵地，利用网络传播马克思主义、宣讲马克思主义，在网络上用马克思主义武装青年大学生。对于当代大学生经常使用的微信（公众号）、QQ(空间)、微博、抖音等网络媒体，高校辅导员要重点关注，把它们转化为开展大学生思想政治教育的桥头堡。网络思想政治工作的积极开展不仅有利于提升大学生思想政治教育的成效，也是提升高校辅导员马克思主义素养的有效手段。

# 第六章

# 高校辅导员职业道德建设

- ⊙ 高校辅导员职业道德的内涵与特征
- ⊙ 高校辅导员职业道德建设的意义
- ⊙ 高校辅导员职业道德建设的困境
- ⊙ 高校辅导员职业道德的内化
- ⊙ 高校辅导员职业道德评价体系构建

# 一、高校辅导员职业道德的内涵与特征

## （一）高校辅导员职业道德的内涵

职业道德是指在职业活动中需要遵守的道德准则和道德规范，职业道德是在长期的职业活动中形成的，是从业人员约定俗成的道德规则。职业道德既有社会公德的一般性，但主要强调职业领域的特殊性，所以不同职业的职业道德往往既有相同之处，也有自身的特殊性。

高校辅导员职业道德是高校辅导员在职业活动中共同遵守的道德准则和道德规范，以教师职业道德为基础，突出“爱生、助生”的具体要求，职业道德水平的高低直接影响高校辅导员的工作成效，进而影响大学生的健康成长。

## （二）高校辅导员职业道德的特征

职业道德作为道德的一个特殊领域和调节方式，与职业活动相联结，要解决的是特定职业活动中的特殊道德问题，反映着某一职业和社会的特殊联系及利益关系。高校辅导员有着自身鲜明的行业特点，表达了特殊的职业义务和责任，形成了较为稳定的行为习惯和心理定势，具有鲜明的个性特征。①

① 郭宝付. 高校辅导员职业道德问题及对策研究[D]. 长春：东北师范大学，2016.

#### 1. 高校辅导员职业道德影响具有长远性

高校辅导员长期处于学生工作一线，致力于成为大学生的知心朋友和人生导师，高校辅导员的职业道德及形象对大学生有着“身先示范”的作用。大学生正处于世界观、人生观、价值观定型的关键时期，高校辅导员的职业道德水平直接影响大学生的道德思考和道德价值观、道德判断力的形成。高校辅导员职业道德影响一届又一届学生，而且大学生的价值观一旦定型，往往影响其终生发展。

#### 2. 高校辅导员职业道德具有优先性

“亲其师信其道”，大学生是否认可高校辅导员的工作往往取决于其对高校辅导员职业道德水平的考量。如果高校辅导员的职业道德水平不符合大学生的期待，高校辅导员的工作成效将会受到巨大的影响。高校辅导员的职业素养包括职业意识、职业道德、职业能力、职业知识四个方面的内容，其中职业道德具有优先性，职业道德是高校辅导员职业素养水平最鲜明的体现，是高校辅导员职业形象的关键因素。

#### 3. 高校辅导员职业道德影响具有广泛性

基于高校辅导员的工作对象和工作特点，高校辅导员职业道德具有广泛性。这种广泛性一方面体现在高校辅导员所带学生数量比较多，一般情况下，高校辅导员每届所带学生在200人左右，老辅导员所带学生总数往往超过1000人，因此，高校辅导员职业道德影响的范围比较广。另一方面，高校辅导员承担九大职责，在理论教育、党团建设、资助工作、心理咨询、就业帮扶等各个方面展现职业道德素养，这种多场合、多过程的呈现让大学生们广泛地受到高校辅导员职业道德的影响。

## 二、高校辅导员职业道德建设的意义

### （一）高校辅导员自身成长的诉求

高校辅导员的自身成长既体现为知识和能力的增长，更体现为道德素养的提升。对一名优秀辅导员的考量离不开对其职业道德水平的衡量，在“德才兼备”的用人原则下，高校辅导员的自身成长首先体现为道德素养的提升。

### （二）大学生健康成长的需求

大学生要实现健康成长，首先要树立正确的世界观、价值观、人生观，形成高尚的道德品质。高校辅导员作为大学生的“知心朋友和人生导师”，其职业道德水平会对大学生产生潜移默化的影响，会对大学生道德观、价值观的形成产生深刻的影响。高校辅导员良好的职业道德是大学生健康成长的重要保障。

### （三）高校辅导员职业化建设的重要内容

高校辅导员职业素养的培育包含职业意识、职业知识、职业技能和职业道德，职业道德是高校辅导员职业素养的重要组成部分。高校辅导员职业化的推进离不开社会各界的认可和推动，而高校辅导员及其工作要获得社会认可，良好的职业道德是基本前提。

## 三、高校辅导员职业道德建设的困境

### （一）高校辅导员职业领域的复杂化

职业道德是基于职业活动而形成的道德准则和道德规范。随着社会的变迁和高等教育的发展，高校辅导员职业领域日益复杂。高校辅导员的主要职责从最初的开展政治教育发展到现在的九大职责，高校辅导员工作内容涵盖思想理论教育、心理教育、法治教育等方方面面，职责的扩大必然导致职业道德内容的扩充。另一方面，随着高校辅导员职业化的推进，同类型的高校学生工作的要求也越来越高，比如高校辅导员开展心理健康教育工作，不仅要接受基本的培训，还要进行长期的学习和进修才能胜任这项工作；不仅要求高校辅导员短期地帮助学生，还需要长期地关心关爱学生。这些让高校辅导员职业道德建设的广度和难度增加了。

### （二）高校辅导员职业角色的二元化

职业道德规范与职业角色密切相关，明确职业角色有利于理清职业理想、职业态度、职业责任等内容，有利于明确职业道德规范。然而，高校辅导员职业角色的二元化，给高校辅导员理清岗位职责、树立职业理想、端正职业态度带来困扰，不利于辅导员职业道德规范的形成。[①]按照《普通高等学校辅导员队伍建设规定》的规定，高校辅导员具有教师和管理人员双重身份。高校教师和管理人员的职业角色和职业规范是有着明显区别的，高校辅导员职业道德规范如何较好地处理这些区别是一个难题。

### （三）高校辅导员职业关系的多样化

高校辅导员在工作中要与学生、家长、相关职能部门、科任老师、相关领导进行交流和沟通，多样的职业关系必然会反映到职业道德中来。一方面，扩充了职业道德的内容，需要丰富高校辅导员与打交道各方相适配的道德准则和道德规范；另一方面，丰富了职业道德的层次，如何统筹各个层面的职业道德准则与道德规范，进而形成合理的职业道德体系是高校辅导员职业道德建设面临的困境之一。

## 四、高校辅导员职业道德的内化

### （一）高校辅导员职业道德内化的内涵

道德内化是指社会的道德规范转化为个体的道德品质的过程。

高校辅导员职业道德内化是指高校辅导员职业道德规范转化为高校辅导员的道德品质的过程。这个过程包括职业道德认知、职业道德情感、职业道德意

① 寇汉军，李辉．高校辅导员职业道德规范建设的困境与思路[J]．高校辅导员学刊，2015，7(4)：23-26.

志、职业道德行为4个环节。职业道德认知可以是高校辅导员主动学习的结果，也可以是高校辅导员受教育的结果，职业道德认知是高校辅导员职业道德转化的基础；职业道德情感是指对职业道德是认可还是否定，是亲近还是疏远，这直接关系到高校辅导员的职业道德选择，职业道德情感是职业道德内化的关键；职业道德意志表现为高校辅导员面对困难和教育教学情况变化时，职业道德情感的稳定性和职业道德选择的坚定性，职业道德意志直接影响职业道德内化效果的稳定性；职业道德行为是高校辅导员在职业活动中的一举一动，是衡量高校辅导员职业道德水平高低的主要标志，也是职业道德内化的最终落脚点。

## （二）高校辅导员职业道德内化应注意的问题

### 1. 高校辅导员职业道德内化的内因和外因

引起事物发展变化的原因可能是内部的也可能是外部的，更多时候是内部和外部原因共同起作用的结果。人们把内部的原因和外部的原因简称为内因和外因。内因和外因在事物发展变化中所起的作用有大有小，地位有高有低。内因往往是事物发展变化的根本原因，它对事物的发展变化起着决定性的作用。外因往往是事物发展变化的导火索，经常改变事物发展的进程。但外因不能离开内因单独发挥作用，它必须通过影响内因而发生作用。因此人们必须清醒地认识到内因是高校辅导员职业道德内化的根本原因，必须坚持把对内因的考察放在第一位，同时也应避免忽视外因。基于此，各高校应加强高校辅导员职业道德的宣传教育工作，优化高校辅导员职业道德内化的外部环境，以促进内外因的相互推进。

### 2. 在高校辅导员职业道德内化过程中应发挥高校辅导员的主体性

主体性是指人在实践过程中表现出来的能力、作用、个人看法以及地位，即人在社会活动中的重要性，正是这个重要性激发了人的积极性、主动性和创造性。高校辅导员是职业道德内化的主体，是职业道德内化的关键因素。职业道德内化不是一个被动接受的单向输出过程，而是一个包括道德认知、道德情感、道德意志、道德行为4个环节的内化过程。每一个环节的顺利进行都离不开高校辅导员主观能动性的发挥。只有当高校辅导员热爱这份职业，认可高校辅导员职业道德规范时，职业道德的内化过程才会顺畅而富有成效。

### 3. 高校辅导员职业道德内化具有阶段性和反复性

唯物辩证法认为，事物发展的总趋势是前进的，新事物必然战胜旧事物。但是前进的道路是曲折的，任何事物的发展都是前进性与曲折性的统一，在前进中有曲折，在曲折中向前进，这是一切事物发展的途径。所以，随着道德环境的变化、自身经历的改变和个人情感的变化，高校辅导员的道德认知和道德情感可能也会发生改变，道德意志也可能动摇，道德行为也可能反复，高校辅导员职业道德的内化也会出现阶段性和反复性，因此，职业道德内化是一个螺旋上升、逐步形成的过程，这也是符合事物发展变化规律的。职业道德内化是一个贯穿高校辅导员整个职业生涯的过程，各高校必须建立起完善的保障机制，以促进这一过程的顺利实现。

## （三）高校辅导员职业道德内化促进机制的构建途径

### 1. 完善高校辅导员职业道德规范

高校辅导员职业道德不仅受制于经济基础，也受到政治、教育等上层建筑的影响，高校辅导员职业道德有着自身的发展变化规律。高校辅导员职业道德规范必须适应时代的发展和职业的变化，才能发挥对高校辅导员的引导作用。

"理论一经掌握群众，也会变成物质力量。理论只要说服人，就能掌握群众；而理论只要彻底，就能说服人。所谓彻底，就是抓住事物的根本。"[①]要让高校辅导员广泛认同职业道德规范，积极主动地进行职业道德的内化，就必须不断完善高校辅导员职业道德规范，让职业道德规范具有科学性、针对性和可操作性。

构建高校辅导员职业道德规范的完善机制，必须确立职业道德规范制定的群众路线，应深入调研，了解高校辅导员职业的一线实际情况，制定的职业道德规范应凝聚广大高校辅导员的智慧；同时，职业道德规范不应是一成不变的，而是要及时收集职业道德规范在执行中的新情况、新问题，并根据高校辅导员职业的变化进行科学、及时的修订。

### 2. 促进高校辅导员职业道德的自我提升

要实现高校辅导员职业道德的自我提升，内因是关键，所以，各高校要构建高校辅导员职业道德的自我提升机制，激发高校辅导员在职业道德内化过程中的主体性和积极性。

各高校首先要引导高校辅导员积极主动地学习职业道德规范，不仅要入眼，更要入脑入心，不仅要牢记书面的规定，更要深刻领会其精神，并在职业生涯中

① 马克思，恩格斯．马克思恩格斯选集：第一卷[M]．北京：人民出版社，1995：9.

积极践行。其次，各高校要引导高校辅导员严格自律，时刻用高校辅导员职业道德规范约束自己的行为，让自己成为自己的监督者，让“慎独”成为一种习惯。最后，各高校还要引导高校辅导员“一日三省吾身”，用职业道德规范对照自己的一言一行，做到“有则改之，无则加勉”。同时，还要发挥老教师传、帮、带的作用，让一些思想道德水平较高的老辅导员去帮助带动新辅导员提升自身的职业道德修养。①

### 3. 开展高校辅导员职业道德的宣传教育工作

各高校要建立高校辅导员职业道德宣传教育的长效机制，要组织宣传教育的队伍，要制定宣传教育的制度，要安排宣传教育的时间和空间，要让高校辅导员职业道德宣传教育常态化、系统化，要全面、细致、逐步深入地开展宣传教育工作。

首先，宣传教育工作要采取灵活多样的形式，集中学习和分散学习相结合，书本学习和现场观摩相结合，传统宣传和网络宣传相结合。利用讲座、讨论、观看影视作品、采访先进人物、举办道德沙龙和征文演讲等形式，全面覆盖、生动活泼地开展高校辅导员职业道德的宣传教育活动，做到抓铁有痕、润物无声。

其次，榜样的力量是无穷的，要大力宣传职业道德先锋，用道德榜样的人格魅力去感动、影响广大高校辅导员。特别要挖掘树立本地区、本单位的道德典型，因为身边的典型更具有说服力、亲和力，正面影响更直接、更深远。各高校还要关注职业道德领域的各种现象，褒扬先进、批评落后，宣扬正能量。尤其要关心初露头角的优秀辅导员，关心他们的工作生活，表彰他们的先进事迹，引导他们成长为职业道德楷模和弘扬高校辅导员职业道德规范的骨干力量。

### 4. 建立高校辅导员职业道德的评价和奖惩机制

科学的评价和奖惩机制具有管理、导向、激励、教育等一系列作用。高校辅导员职业道德的评价和奖惩机制要以“职业道德为第一标准”，表彰激励先进、督促教育后进，引导广大高校辅导员敬业爱生、为人师表，不断提高道德修养，真正发挥“人生导师”的作用。

各高校要探索建立科学、合理、有效的评价体系，对高校辅导员的职业道德进行全面的评价。要将定性评价和定量考核相结合，要将过程考核和终点考核相结合，职业道德评价要考虑到学生、学校、同事、家长、社会等方方面面的实际情况，可以采用座谈、调查问卷、个别谈话、意见反馈等多种有效用、有操作性的方式。只有评价方式科学、合理，才能获得广大高校辅导员的认同，才能达到引

① 陈国亮.高校教师职业道德现状及对策研究[D].青岛：青岛科技大学，2015：47.

导高校辅导员加强职业道德修养的目的。

各高校可以根据高校辅导员职业道德评价的结果,对先进和落后进行评判,不能“干多干少一个样”,而是要真正地表彰先进,惩戒落后,切实发挥高校辅导员职业道德评价的效用,不走形式,不放空炮,做到“精神手段和物质手段,两手都要抓,两手都要硬”,既要有精神的奖励和惩处,也要有物质的奖励和惩处。评价结果要和辅导员评优评先、职称职务晋升、工资绩效等直接挂钩,真正发挥评价激励的有效性,而非仅仅流于形式。①

### 5. 为高校辅导员职业道德的提升创造优良的外部环境

外因能够反作用于内因,有时对事物的发展也起着非常重要的作用。因此外部环境对高校辅导员职业道德内化也起着非常重要的影响作用。过大的经济压力、发展压力往往会降低高校辅导员对职业道德规范的认同,在一定程度上,也会影响高校辅导员职业道德内化的效果。

因此,各高校要健全高校辅导员的待遇保障机制,保障高校辅导员获得合理的收入,关注关心广大高校辅导员特别是年轻辅导员的住房、医疗、子女上学问题,使高校辅导员无后顾之忧,安心工作,自觉主动地实现职业道德规范的内化。

各高校还要发动学校、家庭、社会等各方面力量来关注高校辅导员的心理健康状况,邀请专业的心理咨询机构开展团体心理辅导、心理知识讲座,让高校辅导员更好地释放心理压力,为存在特殊需求的辅导员开展有针对性的个体心理咨询。学校还应组织开展丰富多彩的文体活动,使高校辅导员能放松心情,缓解压力。

### 6. 建立高校辅导员职业道德的监督约束机制

个体道德的形成是一个他律和自律相互影响的过程,自律固然重要,但他律也不容忽视。建立高校辅导员职业道德监督约束机制就是要发挥道德他律的作用,形成他律和自律的有机共存,促进高校辅导员职业道德的内化。各高校要全面发挥党委、纪委、工会、学生、同行、家长、社会等相关人员的监督主体的作用,充分利用电话、信件、来访、座谈会、调查问卷、网络调查等各种监督渠道,形成对高校辅导员职业道德全方位的监督,及时发现各项职业道德违规现象,快速反应,严肃处理,并根据具体情况,对职业道德失范的高校辅导员给予相应的处罚,不姑息、不迁就,以充分发挥道德他律的作用。

高校建立职业道德的监督约束机制,可以促进高校在职业道德建设中弘扬法制精神。因为道德调节人们行为依靠的是人们对“良心”的自觉追求和以“为

---

① 张迪.高校教师职业道德内化促成机制探究[J].学校党建与思想教育,2016(12):86-88.

善去恶”为标准的社会舆论的引导，道德调节大多不具有强制性，而法制能够发挥惩戒作用。[①]道德与法律是社会规范最主要的两种存在形式，是既有区别又有联系的两个范畴。它们产生的条件、表现形式、调整范围、作用机制和内容都不相同，但两者却是相互联系、相辅相成、相互促益、相互推动的，在一定的情况下可以相互转化。随着社会的发展变化，人们的特定行为对社会的影响也会发生改变，这使得一些道德规范有必要上升为法律。比如与诚信相关的问题，在自然经济时代，大多属于道德调节的领域；而在市场经济条件下，与诚信相关的很多问题被转变到法律调节的层面。法律也能促进相应道德的形成。在职业道德建设中弘扬法制精神，能够强化职业道德规范的他律作用，可以进一步促进高校辅导员职业道德的内化。

## 五、高校辅导员职业道德评价体系构建

随着高校辅导员相关制度建设的不断完善和健全，与辅导员息息相关的考核评价体系逐步健全，但目前很多高校在辅导员的职业道德评价体系建设上还存在一些问题。一是高校辅导员职业道德评价指标不够精准和全面，往往只是规定一个大线条的指标，比如工作态度、工作责任心等，这些指标在实际操作中往往容易变形、失效，评价结果缺少区分度。二是高校辅导员职业道德评价过程不够规范，往往存在评价主体不够全面、评价过程比较随意、评价工作缺乏监督。三是评价结果的应用比较随意，很多高校的考核评价方案中的奖惩措施比较笼统，奖惩标准变化较大。[②]因此，需要进一步健全高校辅导员职业道德评价体系。

### （一）科学设置辅导员职业道德评价指标

科学合理的评价指标是高校辅导员职业道德评价体系构建首先要解决的问题。设置高校辅导员职业道德评价指标要将定量考核和定性考核结合起来，将统一考核和分类考核结合起来。指标的选取可以综合采用问卷调查和专家小组

---

① 董天菊.大学生道德内化问题研究[J].教育与职业，2009(5)：82-84.

② 王玮.高校辅导员职业道德评价体系建设研究[J].长治学院学报，2021，38(1)：118-122，117.

会议的方式方法。高校辅导员职业道德评价指标的设定还要兼顾评价的全面性和评价的可操作性。

## （二）科学选取高校辅导员职业道德评价的主体

基于高校辅导员的工作对象和职业特点，高校辅导员职业道德评价主体应以学生为主，同时360度选取与高校辅导员工作相关的分管领导、同事、家长、职能部门工作人员等相关主体。高校辅导员的自我评价也是一个重要的维度，要进行充分考虑。在每次进行评价前，要组织对所有评价主体的培训，保证选取主体实施评价的有效性。与评价主体选取密切相关的一个问题是监督主体的选择，监督主体的选择要兼顾权威性和代表性。

## （三）科学使用高校辅导员职业道德评价结果

考核评价的目的是进一步促进工作，所以考核评价结果一定要在相应范围内及时公布，通过这种及时的反馈，促进高校辅导员工作的优化。要建立与考核评价结果相配套的奖惩机制，要将物质奖惩和精神奖惩结合起来，要将评价结果和职务、职称晋升结合起来，充分发挥高校辅导员职业道德评价的激励作用。

# 第七章

# 高校辅导员胜任力

能否胜任工作是对从业人员职业能力的综合考量，高校辅导员胜任力是对高校辅导员职业能力水平的综合评价。高校辅导员胜任力日益成为有效促进高校学生工作深入开展、提高学生管理工作绩效、实现高校人才培养目标的重要因素，因此，高校辅导员胜任力研究十分重要。

1911年，“科学管理之父”Taylor提出，应该按照物理学中的“时间—动作研究”去界定导致工人绩效良莠不齐的因素，这是关于胜任力研究的首次文献表述[①]。1973年，David McClelland发表了《测量胜任力而非智力》一文，正式提出了胜任力这一概念，指出胜任力是任何可以被可靠测量或计数的并且能显著区分优秀与一般绩效的个体特征。[②]1993年，Spencer将胜任力定义为能够将某一工作（或组织、文化）中表现优秀者和表现一般者区分开来的个体潜在特质。陈岩松认为，高校辅导员胜任力包括辅导员的能力、知识、自我意象、动机以及人格特点等，是能够区分表现绩优者与表现一般者的一系列的岗位胜任特征。[③]田春艳将辅导员胜任力定义为辅导员个体所具备的，区分高绩效与普通绩效，随着工作和工作环境而动态变化着的知识、技能、自我认知、特质和动机的综合。[④]

高校作为社会人才培育的重要输出地，肩负着塑造青年人才的重大使命。2017年修订的《普通高等学校辅导员队伍建设规定》指出：“辅导员是开展大学生

---

① Sandberg J.Understanding Human Competence at Work: An InterpretativeApproach[J]. Academy of Managenent Journal,2000,43(1):9-25

② McCelland D C. Testing for Competence Rather Than for Intelligence[J]. American Psychology,1973(28):1-14.

③ 陈岩松.高校辅导员胜任力模型构建：一项实证研究[J].高等教育研究,2010(4):84-89.

④ 田春艳，于盛达.胜任力视域中的辅导员专业化、职业化研究[J].高等农业教育,2013(8):48-50.

思想政治教育的骨干力量，是高等学校学生日常思想政治教育和管理工作的组织者、实施者、指导者。”高校辅导员是一支数量庞大、使命重要的高校思想政治工作队伍，因此，高校辅导员队伍建设是高校思想政治教育工作的重要环节，对高校培育青年人才队伍具有重要意义。在新形势下，如何承担好历史的重任，回答好“培养什么样的人、如何培养人、为谁培养人”这个根本问题，提高高校辅导员队伍的胜任力显得至关重要。因此，对高校辅导员胜任力进行更深入的研究十分必要。

在学术领域，高校辅导员胜任力主题研究的重要性日益增长。但是，该领域现有的研究经梳理总结仍存在缺环，即研究成果较为零散，理论探索虽有一些成果，但对高校辅导员队伍胜任力提升缺乏贡献，且近年来的最新研究成果欠缺。主要围绕高校教师胜任力的研究成果居多，而对于高校辅导员胜任力的研究较少，缺乏系统性。

## 一、文献考察与研究概况

遵循前沿性、代表性的文献筛选原则，本书借助CNKI数据库，以“高校辅导员胜任力”或“辅导员胜任力”为关键词并含“高校”“大学”等词分别进行检索，不限定时间段，检索时间为2022年7月，并进行清洗、去重以及删除与研究主题关联不紧密的文献后，共获得文献495篇。检索到的文献数量年度分布情况如图7.1所示。

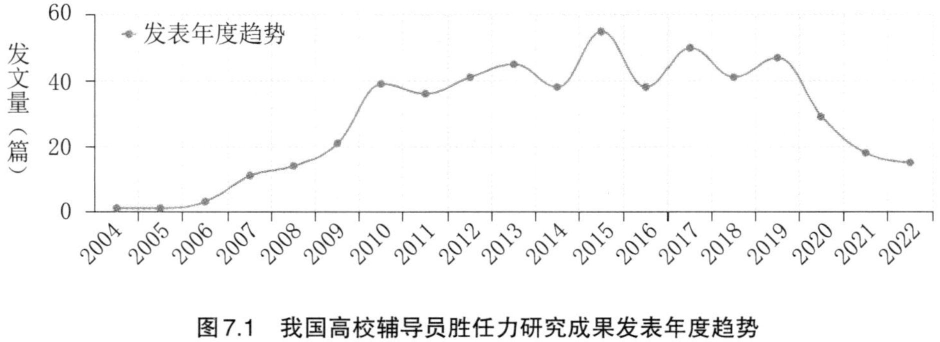


**图7.1 我国高校辅导员胜任力研究成果发表年度趋势**

从发展趋势看，高校辅导员胜任力的论文数量经历了从逐年增长到隔年波动又逐年减少的过程。其中，2004—2010年是高校辅导员胜任力论文总发文量增长最为快速的时期，这与2005年教育部颁布的《教育部关于加强高等学校辅导员班主任队伍建设的意见》就加强高等学校辅导员、班主任队伍建设提出相关意见，以及2006年《普通高等学校辅导员队伍建设规定》中规定了普通高等学校辅导员队伍的要求和职责等事项密切相关。2015年高校辅导员胜任力论文总发文量达到一个小高峰，这与2014年教育部发布的《高等学校辅导员职业能力标准(暂行)》中对高校辅导员基本要求、各级能力标准的规范与要求密切相关。2017年相关论文总发文量也达到一个小高峰，这与2017年教育部发布的《普通高等学校辅导员队伍建设规定》密切相关。自2019年至今，高校辅导员胜任力论文总发文量呈逐年递减的趋势，表明近年来学术界对该主题的研究重视程度有所下降。然而，高校辅导员胜任力的重要性日益增长，因此，对该主题进行更深入的研究十分必要。

通过浏览检索到有效文献的标题、摘要和关键词，经过详细分析和比对：涉及胜任力模型的研究文章有192篇，占所查询论文总量的39%；涉及胜任力存在的问题现状的研究文章有139篇，占所查询论文总量的28%；涉及辅导员队伍建设提升路径的研究文章有164篇，占所查询论文总量的33%。

## 二、高校辅导员胜任力研究基本内容

现有关于胜任力的研究，研究领域从管理学、社会学领域到心理学、教育学领域，并逐渐从理论走向实践。

### (一) 高校辅导员胜任力模型研究

1982年，美国学者Lyle M. Spencer和Signe M. Spencer从特征的角度提出了“素质冰山模型”，将个体的知识和技能称为“基准性素质”，它是对任职者基本素质的要求，是容易被测量和观察并模仿的，也可以通过培训习得，因此不能把表现优异者与表现平平者区别开来；Spencer又将内驱力、社会动机、个性品质、自我形象、态度等称为“鉴别性素质”，它是区分绩效优异者与平平者的关键因素，相比之下不容易被观察和测量，也难于改变和评价，并很难通过后天的培训得以形成。[①]1993年，美国学者Richard Boyatzis提出了“素质洋葱模型”，把胜任素质由

---

① Spencer L M, Spencer S M. Competence at Work: Models for Superior Performance [M].New York:John Wiley&Sons,1993:222-226.

内到外概括为层层包裹的结构，最核心的是动机，然后向外依次展开为个性、自我形象与价值观、社会角色、态度、知识、技能。越向外层，越易于培养和评价。[①] 20世纪90年代初，英国牛津理工学院(Oxford Polytechnic)与中学校长协会(The Secondary Heads Association)合作，成立了国家教育评价中心(NEAC)，按美国模式开展了学校管理者胜任特征研究，提出了一个包括日常管理、人际方面、沟通方面、个人广度、综合能力、发展意识、教学领导能力、边界管理意识8个方面12条特质的学校管理者胜任特征模型。[②]2000年6月，Hay McBer集团向美国教育与就业部提交了一份“高绩效教师模型”报告，报告指出，区分性胜任力是能够区分表现优秀者和表现平平者的关键因素，越是复杂的工作或角色，越能够区分。报告提出了高绩效教师的5种胜任特征，即：专业化、领导思维、计划、设定期望、与他人关系。[③]

国内学者采用文献法、事件访谈法、问卷调查法等，构建了包含多个维度的胜任力模型。2006年张丽瑛在《清华大学带班辅导员胜任特征研究》一文中通过开展问卷调查、进行行为事件访谈，得出结论，能够区分带班辅导员绩效优秀和一般的胜任特征依次为：学生需求导向(CSO)、引导与影响(IMP)、主动性(INT)、人际洞察力(IU)、信息搜集(INFO)、培养他人(DEV)、分析式思维(AT)。[④]张凤通过模型分析、实证调查、关键事件访谈、比较研究和计量的方法，探索性提出按照知识、技能、素质、个性特质和动机五个维度建立高校辅导员胜任力模型的尝试。[⑤]吕云超通过行为事件访谈法，研究发现高校辅导员胜任力模型包括知识、技能、社会角色、自我概念、人格特质等五大维度和学科专业知识、党建知识、最终学历、毕业院校、综合知识、组织管理能力、人际交往能力、语言表达能力、文字能力、职业认同感、职业忠诚度、职业责任感、价值观、自信心、职业精神、情感特质、性格特质、道德品质、职业动机等19项胜任力指标[⑥]。刘敏和万晓雪通过对重庆市9所高职院校的调查，构建新时期高职院校辅导员胜任力模型，并采用层次

---

① Boyatzis R E.The competent Manager：A model for Effecive Performance[J].New York：John Wiley&Sons，1982.

② Hewitt E, Wheeler S. Counselling in Higher Education：the Experience of Lone counsellors[J]. British Journal of Guidance & Counselling，2004，32(4).

③ Campbell R J, Kyriakides L, Muijs R D, et al. Effective Teaching and Values：Some Implications for Research and Teacher Appraisal[J]. Oxford Review of Education，2004，30(4).

④ 张丽瑛. 清华大学带班辅导员胜任特征研究[D].北京：清华大学，2006.

⑤ 张凤.高校辅导员胜任力模型初探[J].思想教育研究，2009(S1)：82-85.

⑥ 吕云超.基于胜任力模型的高校辅导员职业能力评价[J].中国行政管理，2016(5)：84-87.

分析法对胜任力模型两个层级中的主特征和子特征按重要性高低进行排序，最终确定高职院校辅导员胜任力应该包括岗位能力、人格魅力、创新创业力、知识结构等4个主要特征要素以及具体的17项胜任力要素指标。[①]郑勇军、陈浩彬采取行为事件访谈法和问卷调查法，构建了包括工作能力、个性魅力、引导学生、职业态度、个人特质以及专业素养6个维度47个项目的高校辅导员胜任力模型。[②]赵忠君、邱宇涵、张伟伟采用文献研究法，梳理出高校思政辅导员胜任力要素，主要包括基本知识、工作能力、政治素养、个性特征、职业动机等5个维度25项胜任力要素，据其编制高校思政辅导员胜任力要素量表，并用问卷法对量表的均值、标准差、变异系数进行验证，最后利用主成分分析法对高校思政辅导员胜任力结构进行分析，进一步结合冰山模型提出：工作能力是思政辅导员做好学生工作的先导，职业动机是内驱，政治素养是关键，工作知识是基础，个性特征是保障。[③]

胜任力在个体层面的研究持续了很长一段时间，随着绩效研究从个体层面延伸到团队层面，胜任力的相关研究也从个体层面扩展到团队层面。团队胜任力把团队看成一个整体，通过团队成员的技能互补、团队协作来实现团队目标。如贺森、戚金波通过行为事件访谈法和问卷调查，将知识型团队的胜任力特征归结为成果驱动、主动负责、团队忠诚、信息沟通、自我激励、团队奉献、组织与培训、理论实践8个方面。[④]张永强将胜任力模型分为成就与行动族、帮助与服务族、冲击与影响族、管理族、认知族、个人效能族6种，构建认知与态度、个人能力、道德水平、师生关系这4个维度的团队胜任力模型。[⑤]

综合以上研究结果发现，中外就胜任力模型的建构均涉及工作的各项因素，既有先天因素，也有一些经过后天训练能够培养出来的因素。且这些学者均认为模型当中的因素应该具备区分表现优秀者和表现平平者的功能。区别在于，部分学者将模型概括成几个基本维度，还有部分学者在几个基本维度下又细分了具体特征和要素。且国外对维度的划分相对较为笼统，国内学者对维度和要

---

① 刘敏，万晓雪．新时期高职院校辅导员胜任力问题研究：以重庆市高职院校为例[J]．职业技术教育，2020，41(14)：76-80.

② 郑勇军，陈浩彬．高校辅导员胜任力结构模型研究[J]．心理学探新，2021，41(2)：169-175.

③ 赵忠君，邱宇涵，张伟伟．高校思政辅导员胜任力构成要素分析[J]．黑龙江高教研究，2021，39(9)：133-139.

④ 贺森，戚金波．知识型团队胜任力模型构建的高校实践[J]．科技管理研究，2010，30(21)：106-109，112.

⑤ 张永强，黄澄澄，张艺．辅导员团队胜任力模型构建研究[J]．文化创新比较研究，2018，2(33)：173-174.

素的划分更为细致。除此之外,国内学者没有仅仅停留于辅导员胜任力的个体层面,进而还扩展到了团队层面的研究。但是,国内针对辅导员胜任力模型要素这项研究至今为止仍无一个相对公认的定论,不同学者根据各自的样本、问卷进行调查研究或是针对不同人群开展事件访谈从而得出不同结论,以至于高校在实际辅导员人才队伍培养方面暂无一个相对权威的考量指标。除此之外,处于不同职业生涯的高校辅导员,其工作绩效水平与其个体胜任力状况也各有异同,若用统一量表和模型来给不同资历、不同发展阶段、不同学校类型的辅导员做评估,在结果上会有不同程度的偏差。

## (二)高校辅导员胜任力存在的问题研究

高校辅导员胜任力在不同阶段表现出了不同的问题,学者分别提出了不同看法。周琪认为高校辅导员面临着一些困境,包括:由于环境变化和传统角色定位的偏移产生的角色冲突,由于社会环境、角色期望与素质之间张力失衡带来的心理焦虑,专业素质结构和实践能力弱化等问题。[①]李炳论认为应用型本科院校辅导员队伍建设存在工作职责泛化、任务繁重,专业知识结构不合理、业务知识缺乏,所学专业与所带学生专业不对口,辅导员队伍不稳定、群体的专业化意识薄弱等问题。[②]侯金超认为当前我国高校辅导员在素质发展尤其是胜任力方面存在的主要问题有:学历层次高、专业能力低,重思想政治素质、轻其他素质,职业认同感低、工作进取心不强,自主学习能力弱、创新能力亟待提高。[③]严长远认为,高职院校辅导员在专业化程度不足方面主要存在专业程度较低、培训工作缺失,入职限定不严、专业程度不一,缺乏理论支撑、科研能力不足,以及职业化水平偏低方面的缺乏职业了解、自我定位不清,管理制度落后、缺乏激励策略,不具备稳定的职业发展环境等弊端。[④]李圆圆将新时代民办高校辅导员职业能力的发展困境总结为管理体制与发展机制不完善、辅导员整体学识素养有待提升、辅导员岗位的角色意识和角色冲突、辅导员工作能力有待提升、服务对象的特点多

---

① 周琪.高校辅导员专业化发展研究述评[J].学校党建与思想教育(上半月),2008(8):73-75.

② 李炳论,黄可.应用型本科院校辅导员队伍建设长效机制的构建[J].职业技术教育,2010,31(29):80-82.

③ 侯金超.提高高校辅导员胜任力的途径研究[J].学校党建与思想教育,2014(13):74-76.

④ 严长远.基于胜任力的高职辅导员专业化与职业化研究[J].黑龙江畜牧兽医,2016(12):239-241.

样化。[①]倪佳琪和魏飞通过调查研究发现，辅导员专业化建设主要存在三方面的矛盾：专业的职责要求与模糊的工作边界之间的矛盾、较高的岗位压力与偏低的职业地位之间的矛盾、全面的现实挑战与有限的发展空间之间的矛盾。[②]

结合不同年份对高校辅导员工作问题的梳理发现，学者在专业素质和工作能力方面提出的问题有很大共性，他们指出，高校辅导员专业背景庞杂、职业匹配性较差，从而导致了专业素质薄弱问题；工作能力则与入职限定不严、培训缺失、工作职责泛化等因素相关。除了在高校辅导员个体上找问题之外，有些学者还指出了大环境中的一些客观因素，比如管理体制、发展机制方面不完善，较大岗位压力与偏低职业地位的冲突等。纵观不同时期的研究成果，对于高校辅导员胜任力存在的问题的分析整体呈现着从单一到多元、从仅强调个体主观因素到结合主客观因素具体分析、从仅挖掘问题要素到深度剖析问题要素之间是否也存在一定联结关系的趋势。除此之外，诸多学者均将问题围绕学识素养、工作能力、个人特质、入职和培训管理机制等维度开展研究，但忽视了个人层面的问题解决能力、抗压能力以及政策导向方面的奖励机制、工作边界与职业标准。同时，大多数学者是通过对有限的学生群体和辅导员群体进行问卷调查与访谈从而得出结论的，群体具有代表性但不应仅局限于此，因此结论不具有普适性。

### （三）高校辅导员胜任力的提升路径及其应用研究

王齐女奉指出：要思想上引导，加强理论学习和树立榜样，鼓励辅导员加强思想品德教育；要制度上保障，进行系统的学习培训，建立轮岗制度，促使辅导员提高知识素养；要措施上落实，给予应有的待遇，并建立基于胜任力的选拔、考核、奖励机制，以及建立互助组织，为辅导员提升胜任力提供保障。[③]毛霞指出，培养高校辅导员胜任力应强化辅导员育人使命与责任、提高辅导员思想政治素质和职业责任感，重视辅导员业务培训与提升、实施高校辅导员的专业化培养，搭建辅导员人才交流“立交桥”、支持高校辅导员多样化发展。[④]杨颖斐指出，应建立健全的培训体系以提高辅导员的胜任力，改进选聘机制以增强辅导员的鉴

---

① 李圆圆，徐兴林，张宗元.基于胜任力模型的民办高校辅导员职业能力提升[J].教育与职业，2018(12)：82-87.

② 倪佳琪，魏飞.基于胜任力卓越模型的高校辅导员队伍专业化建设研究[J].学校党建与思想教育，2020(7)：85-87.

③ 王齐女奉.高职院校辅导员胜任力的提升途径和方法[J].求实，2010(S2)：265-266.

④ 毛霞.高校辅导员胜任力特征构成及培养对策研究[J].思想教育研究，2014(1)：102-104.

别胜任力，保证辅导员的升职空间以提高辅导员的综合能力，以及完善辅导员考核机制以增强辅导员队伍的整体胜任力。[①]学者王金平详细论述了辅导员胜任力与师德师风间的相关性，并从胜任力角度提出要以胜任力理念为主、不断丰富高校辅导员队伍师德师风建设的理念体系，以“三化”建设为主全力丰富高校辅导员师德师风建设的内容体系，以工作实践与教育培训为主全力整合创新高校师德师风建设的载体与方式，以环境建设和制度建设为主努力夯实高校辅导员队伍师德师风建设的保障机制与考核机制，以辅导员自身素质提升为主全力夯实高校辅导员队伍师德师风建设的主体力量。[②]陈勇和汤小宾认为，应该从专业知识、职业能力、职业伦理、职业动机等四个方面对辅导员进行培训，提升辅导员胜任力。[③]学者徐兴林、孙兆忠和张艳在对民办高校辅导员自我效能感与胜任力的问题分析中，总结出全面提升民办高校辅导员的自我效能感与胜任力，需要民办高校层面、辅导员自身层面以及政策环境形成合力。[④]倪佳琪和魏飞指出，应准确评估胜任力水平，为辅导员专业化培养奠定科学基础，并注重胜任力隐性特质，为辅导员专业化发展注入新的动力，深度挖掘胜任力数据，为辅导员专业化成长提供广阔平台。

纵观不同时期学者对于提高辅导员胜任力的研究发现，提升辅导员思想素质、职业能力和完善高校选聘、考核、培训等制度，均被认为是提升辅导员胜任力的重要因素。除此之外，有的学者还提到了作为辅导员主观上的使命与责任感以及职业伦理与职业动机。还有学者针对环境政策详谈了各自的观点，提出可以成立互助组织，促进人才交流，以推动多样化发展。这些结论的提出，呈现着由浅表到深层、由单一到多元、由抽象到具体细化的趋势，顺应着时代的变化与发展，为各高校辅导员队伍胜任力提升提供了丰富的理论与实践意义。学术界的既有理论把关注点放在了“办事”上，而在“育人”方面仅谈到思想政治教育这个维度。然而，将润物细无声的育人融汇进与学生相处的过程中，同样是辅导员胜任力的重要方面，例如，如何打造师生间亦师亦友的关系，以及如何缓冲学校

---

① 杨颖斐.教育国际化背景下地方高校辅导员胜任力研究[J].黑龙江畜牧兽医，2017(4)：270-272.

② 王金平.胜任力视域下高校辅导员师德师风的建设范式研究[J].黑龙江高教研究，2017(10)：144-146.

③ 陈勇，汤小宾.基于胜任力的高校辅导员培训课程体系建构[J].思想政治教育研究，2017,33(2)：79-82.

④ 徐兴林，孙兆忠，张艳.民办高校辅导员的自我效能感与胜任力提升[J].教育与职业，2018(6)：87-91.

部署与学生意见冲突等问题，都是辅导员日常工作要面对的，这也是学术界接下来可以开展研究的领域。

## 三、高校辅导员胜任力研究的新的着力点

学界对于高校辅导员胜任力这一主题研究成果较为丰富，各学者通过多种研究方法，从不同角度进行分析研究，从而得出相应结论。对于辅导员胜任力的内涵认知大体一致，但具体解读不同，国外侧重于胜任力在不同工作领域所带来的绩效以及随之产生的“价值”，在教育领域，主要的研究对象以教学岗位的教师群体为主。而国内对胜任力的研究起步较晚，在该领域的研究更加注重高校教师（思想政治教育、心理健康等各学科教师、辅导员等）对大学生思想政治、道德修养、心理健康教育等各方面的培育和引导作用。并且，胜任力随着时间、环境等外部条件变化会发生改变。对于结构模型的分析也既有共性，又有特性，学者均认为该模型包括先天因素和经后天训练培养出来的因素，且应该具备区分表现优秀者和表现平平者的功能。有的学者没有仅仅停留于辅导员胜任力的个体层面，进而还扩展到了团队层面的研究。但是，国内针对辅导员胜任力模型要素这项研究至今为止仍无一个相对公认的定论，高校在辅导员人才队伍培养方面暂无一个相对权威的考量指标。对于提升高校辅导员胜任力的方法路径，纵观历年学术成果，呈现着由浅表到深层、由单一到多元、由抽象到具体细化的趋势，顺应着时代的变化与发展，为各高校辅导员队伍胜任力提升提供丰富的理论与实践积累。学术界的既有理论把关注点放在了“办事”上，而在“育人”方面仅谈到思想政治教育这个维度，缺乏更为全面的研究与成果，可以成为今后研究的方向。

高校辅导员胜任力的研究对我国高校辅导员队伍建设有重要意义。高校辅导员是落实高校立德树人根本任务的一支重要力量，通过对高校辅导员胜任力的研究，全面动态地揭示了新时代高校辅导员队伍建设的现状，进而分析了新时代高校辅导员的不足及今后努力的方向，从而促进高校辅导员队伍整体素质的提升。同时高校辅导员胜任力研究使辅导员队伍建设有了更明确的评价标准，进而在立德树人的时代背景下，为增强高校辅导员选拔与考核的科学性，为探索适合我国国情的高校辅导员职业化、专业化发展路径作出了有益贡献。

### （一）深化理论研究

现有高校辅导员胜任力的理论基础仍较为薄弱，主要围绕着模型建构、存在问题和提升路径展开论述，理论性及研究深度不足，均是根据各自的样本、问卷进行调查研究或是针对不同人群开展事件访谈从而得出不同结论，以至于高校在辅导员人才队伍培养方面暂无一个相对权威的考量指标。理论分析不够深入，且大多基于一般性的研究，与不同类型院校的结合不够，导致存在内容不全面、内涵不丰富、视角比较单一等问题，使得该领域的研究机制与研究框架的构建与发展有一定局限性。由于辅导员工作边界性不强，所需处理各类事项涉及面较广，且所面对及接触人群种类较多，因此胜任力考量应涉及多方面内容，未来应着重深化理论研究，打破学科之间的界限，从多种理论角度，充分借鉴各学科的优势，形成研究合力，使得高校辅导员胜任力主题下的研究有更进一步的发展，同时也为我国各高校辅导员培养、管理与考评提供实践参考。

### （二）开发成熟量表

以往的量表大多围绕高校辅导员基础工作职责的相关方面展开研究，然而现阶段高校辅导员工作职责泛化，工作边界模糊、内容繁杂，现有量表维度较为单一，且不够深入与全面，用于现阶段高校辅导员胜任力调查研究具有一定的片面性。除此之外，高校辅导员胜任力是一个涵盖多领导风格、多维度、多学科交叉的复杂概念，且高校辅导员工作应与时代相结合，应是一个不断发展的过程。未来的研究应针对不同的风格与维度，并探索高校辅导员对高校思想政治引领、学风建设以及学生身心健康等多方面重要意义，着力开发出具有可靠信度的、成熟的、多方面的高校辅导员胜任力量表，同时，还可设计针对不同人群的量表，从不同人群角度探索当下辅导员胜任力所需包含的要素，从而使得数据分析结论更加全面、具体，为我国高校辅导员胜任力研究提供理论与实践指导。

### （三）探索实践路径

在我国现有的研究成果中，有颇多学者在高校辅导员胜任力提升路径和应用方面提出自己的对策与建议，主要聚焦提升辅导员思想素质、职业能力和完善高校选聘、考核、培训制度等方面，有的学者还提到了辅导员的使命与责任感以及职业伦理与职业动机。但这些结论大多较为理论化，难以结合到实际情况中得以运用。因此，未来在高校辅导员胜任力主题下的研究中，从理论的角度看，应深化辅导员胜任力这一概念在多学科中的意义，为学者和实践者提供理论论证与指导；从实践的角度看，应探索不同类型院校、不同情景下胜任力理论的内涵与外延，从而深化高校辅导员胜任力对具体问题的指导和实际应用，使得研究成果在不同区域、不同类型的高校辅导员群体中得以运用。除此之外，未来的研究可以在探索“办事”胜任力的基础上，同时加强关注“育人”胜任力的研究，将润物细无声的育人融进与学生相处的过程中，从而更好地促进高校辅导员工作实践。

# 第八章

# 高校辅导员职业认同

⊙ 高校辅导员职业认同的内涵

⊙ 高校辅导员职业认同的意义

⊙ 高校辅导员职业认同的现状与原因分析

⊙ 提升高校辅导员职业认同水平的策略

高校辅导员具有教师和干部的双重身份，是开展大学生思想政治教育的骨干力量，是高校学生日常思想政治教育和管理工作的组织者、实施者和指导者。高校辅导员直接工作在培养社会主义建设者和接班人的一线，使命光荣、责任重大。高校辅导员要做好这份工作必须爱岗敬业，只有认同和热爱这份职业，才能“爱一行、钻一行、精一行”。

## 一、高校辅导员职业认同的内涵

### （一）职业认同

职业认同是一个心理学概念，指的是从业人员对所从事职业的积极、肯定的心理评价。职业认同包括情感认同、持续认同和规范认同三个方面的内容。[①]情感认同指个体情感上对职业的依恋、认同和心理投入，从而形成维持某一职业的愿望；持续认同指个体知觉到自己离开某一职业而不得不承受的成本和代价从而不得不继续从事某一职业；规范认同指个体出于对职业忠诚的规范，或者从职业中获利，出于互惠原则而形成对职业的忠诚感。职业认同影响着离职率和工

① Meyer J P, Allen N J, Smith C A. Commitment to Organizations and Occupations: Extension and Test of A Three-Component Conceptualization[J]. Journal of Applied Psychology, 1993(78):538-551.

作业绩、组织公民行为和自我效能感。[①]

### (二) 高校辅导员职业认同

高校辅导员职业认同是指高校辅导员对所从事工作的积极、肯定的评价。具体表现为高校辅导员喜欢和大学生在一起,愿意长期从事这项工作,认可和践行高校辅导员职业道德,积极提升职业素养,为成为“大学生的知心朋友和人生导师”而不断学习提高和积极行动。

## 二、高校辅导员职业认同的意义

### (一) 职业认同是高校辅导员提升工作成效的心理前提

良好的职业认同能够激发高校辅导员工作的积极性和主动性,提升他们的工作满意度。职业能力水平是影响高校辅导员工作成效的显著因素,而职业能力的提升需要长期的学习和不懈的努力。高校辅导员只有认可这份职业,才能把工作当事业、沉下心来学习、坚持不懈地提升职业能力。职业认同能够让高校辅导员愿意在工作中投入更多的时间和精力,进入工作忘我状态,不断提升高校辅导员工作成效。

### (二) 职业认同是高校辅导员克服职业倦怠的锐利武器

职业倦怠是很多从业人员需要面对的职业困境,职业倦怠的产生会影响工作的成效和从业者的身心健康。子曰:“知之者不如好之者,好之者不如乐之者”,对于工作来讲也是如此。职业认同能够让高校辅导员乐在工作之中,这对于克服工作中的困难、战胜职业倦怠具有积极的作用。任何一项工作都要面临一些困难,尤其是在高校学生工作复杂度和难度日益提升的今天,高校辅导员需

① 赵元,张晓玲,罗大贵.关于高校辅导员职业认同的研究综述[J].乐山师范学院学报,2009,24(11):127-128,140.

要面对各种压力和克服各种困难。职业认同能够增强高校辅导员的使命感和光荣感,从而增强高校辅导员工作的动力,增加高校辅导员克服各种困难的勇气和毅力。

## 三、高校辅导员职业认同的现状与原因分析

通过对10所高校20位高校辅导员个人访谈和参考同行调查研究的数据发现,部分高校辅导员职业认同水平不高的主要表现和原因体现在以下几个方面。

### (一)工作强度过大导致部分高校辅导员职业认同水平不高

高校辅导员除了承担学生的辅导员工作之外,往往还承担了所在学院的一些行政工作,甚至有少部分高校辅导员承担了与学生工作不是直接相关的行政工作,例如教务科、院办公室的行政工作。除此之外,很多职能部门的一些工作也由高校辅导员承担,比如催缴学费、医药费报销等。这些工作的累加导致大部分高校辅导员长期高强度工作,工作强度过大导致部分高校辅导员职业认同水平不高。从2008年2月在复旦大学举行的首届全国高校辅导员工作创新论坛上,上海某高校领导列举出了辅导员工作的108项内容来看,任何一项与学生有关的工作好像都可以交给高校辅导员完成,学生处、团委、组织部、招生就业处、教务处、财务处等部门都可以直接或间接地向高校辅导员布置任务、分派工作,多重管理、多重考核,使高校辅导员整天忙于事务性工作,无心、无力也无头绪去做重中之重的学生思想政治教育工作,使辅导员很难在自己的工作岗位上找到职业成就感,也就渐渐淡化了自己的本职工作意识。[①]

### (三)收入与付出不成正比导致职业认同水平不高

高校辅导员工作压力大、强度高,由于工作要求需要手机24小时开机,下班后还要处理很多学生事务,碰到突发事件甚至要通宵达旦地工作。但是,除了安排了固定值班制度而会给予相应值班补贴的情形外,很多高校对高校辅导员工

---

① 巢传宣.辅导员职业认同的应为、难为与有为[J].中国职业技术教育,2010(10):63-65.

作时间之外的劳动和付出没有出台相应的报酬支付制度。因此,目前很大一部分高校辅导员的收入水平不能达到本校同学历、同职称的专任教师的同等收入水平,这导致高校辅导员职业认同水平不高。在日常生活中,福利待遇是高校辅导员选择这个学校、从事这份职业的重要指标,也是他们获取基本生活物质和提升生活质量的唯一途径。因此,福利待遇能否满足辅导员的正当需求是辅导员职业认同的关键。①

## (三)工作成就感缺乏导致职业认同水平不高

高校辅导员工作事务繁杂琐碎,有些老师和学生也不太认同高校辅导员工作的重要性,"优秀辅导员"的奖励力度往往不如同层级的"优秀教师"的奖励力度,这些导致高校辅导员工作成就感缺乏。另外,高校学生工作的难度日益增加,有些高校辅导员花费大量时间和精力所开展的工作,不一定能取得预期的成效。这让部分高校辅导员容易产生挫败感,进而影响职业认同水平。73.58%的辅导员认为,虽然高校辅导员工作使自身得到了极大的锻炼,但仍然觉得"搞学生工作,不如从事教学、做学问有成就感",因此,多数辅导员把此工作当作"跳板",有机会便会转岗或者选择其他职业。调查显示,66.1%的辅导员表示如果有机会,会接受调岗转行;9.4%的辅导员在此问题上还未考虑清楚;24.5%的辅导员表示,如果有机会也不会接受转行,将继续坚守岗位。②

## (四)队伍稳定性不足导致职业认同水平不高

由于受高校辅导员工作量大、待遇相对较低、成就感不足等多种因素的影响,部分高校辅导员对职业发展前途信心不足,导致高校辅导员队伍流动性较大。部分高校辅导员只是把高校辅导员岗位作为一个过渡,对高校辅导员职业生涯缺乏长远的考虑和规划,更谈不上职业认同。特别是一部分优秀辅导员通过考博、转岗等方式离开后,容易带动更多的辅导员选择离开高校辅导员岗位,而留下的辅导员容易产生"寂寞感""无意义感""自我否定感",降低了高校辅导员的职业认同水平。

---

① 肖述剑.高校辅导员职业认同影响因素的实证研究:基于湖北高校的数据分析[J].学校党建与思想教育,2018(20):68-71.

② 马小红.高校辅导员职业认同现状分析[J].学校党建与思想教育,2015(6):55-56.

## 四、提升高校辅导员职业认同水平的策略

### （一）增加人员配量、明确岗位职责

目前，高校辅导员工作强度过大的原因主要在于两点：一是对高校辅导员工作特点考虑不足导致高校辅导员配比不足，目前只考虑了8小时工作时间的工作量，对于24小时开机和24小时应急管理的额外工作量，只是指出了工作要求，没有增加相应的人员配置。二是高校辅导员职责不明确、承担的工作过多过杂导致高校辅导员胜任力不足。以《普通高等学校辅导员队伍建设规定》为例，国家明确规定了高校辅导员的九项职责，但目前很多高校辅导员还需要承担很多额外的工作。对于高校辅导员九大职责的解读，也存在不同意见。有人认为，九大职责指的是高校辅导员群体的总体职责，九大职责的履行需要高校辅导员团队的分工合作。有人认为，每一位高校辅导员都需要承担九大职责，这导致很多高校辅导员在某些方面胜任力不足。因此，需要通过增加人员配比、明确岗位职责来降低高校辅导员工作强度，提升高校辅导员的职业认同水平。

### （二）提高工作待遇，改善工作环境

目前，各高校辅导员工作待遇主要依据学历和职级来确定，对于高校辅导员工作的高压力、长时间特点考虑不足，导致高校辅导员工作待遇相对于工作压力而言显得比较低。另外，高校辅导员的社会认可度不高，在一些高校，一部分师生对高校辅导员工作不太认可，认为高校辅导员就是“保姆”“勤杂工”等，影响了高校辅导员的职业形象。以上这些都对高校辅导员的职业认同产生了影响，因此，需要通过提高高校辅导员的工作待遇，改善高校辅导员的工作环境来提升高校辅导员的职业认同水平。

### （三）加强培训、交流和培养，提升职业能力

随着时代的进步与发展，学生工作面临许多新情况、新问题，对高校辅导员

的专业水平和职业能力的要求也越来越高。当一名高校辅导员不能胜任工作时，就难以从工作中获得成就感和满足感，也就难以产生职业认同感。高校辅导员职业素养的提升一方面可以通过培训来提升，要充分利用高校辅导员培训基地及教育部、国家教育行政学院的学习培训平台，可以邀请相关专家及国内优秀辅导员到校开展系列培训；另一方面可以通过院系交流、学校交流的方式增加高校辅导员的经验、扩大高校辅导员的视野，要为高校辅导员创造与其他高校相互调研、学习交流的机会，当然，提升高校辅导员职业能力等职业素养最重要的途径是在工作中边使用边培养。对于高校辅导员职业能力的提升，要秉持“重在培养”的理念，分管领导要有计划地培养使用每一位高校辅导员，老辅导员要“传帮带”新辅导员。当高校辅导员能够胜任工作时，就能够有效地解决工作中遇到的各种问题，就能够获得他人和社会认同，进而产生职业成就感，提高职业认同水平。

## （四）健全考核评价体系、畅通发展渠道

科学的考核评价体系可以有效地调动高校辅导员的工作积极性、主动性和创造性。高校辅导员的考核评价过程要“公正、公平、公开”，保证高校辅导员考核评价结果的有效性和权威性。高校辅导员考核评价结果要与评优评先、职称职务晋升结合起来，让考核评价结果起到激励先进、鞭策督促后进的作用。要进一步落实高校辅导员双线晋升的国家政策，各高校要出台细则，让高校辅导员明确目标、主动进行职业规划、愿意为高校辅导员工作长期奋斗。要进一步畅通高校辅导员发展渠道，增加高校辅导员高级职称(职级)的比例，扩大高校辅导员的使用范围，让优秀的高校辅导员不愁出路。当越来越多的高校辅导员愿意长期从事高校辅导员工作时，高校辅导员的职业认同水平也会越来越高。

## （五）强化职业使命、增强职业责任感

高校辅导员承担着“为党育人、为国育才”的使命，这个使命神圣而光荣。要通过优秀辅导员宣讲、入职宣誓、隆重表彰等方式让这种职业使命感深入高校辅导员的内心，让这个职业使命成为高校辅导员的职业信仰。信仰的力量是无穷的，有了职业信仰，高校辅导员就有了克服困难、努力工作的精神动力。要加强高校辅导员爱岗敬业教育，要让每一位高校辅导员明确高校辅导员工作不仅为每一位从业人员提供了谋生的手段，还搭建了成长发展的平台，因此，每一位高校辅导员要珍惜工作、认同工作，增强职业责任感，不负国家重托，不负大学生等社会各界的期望。

# 第九章

# 高校辅导员职业倦怠

- ⊙ 高校辅导员职业倦怠的内涵
- ⊙ 高校辅导员职业倦怠的表现与危害
- ⊙ 高校辅导员职业倦怠的原因分析
- ⊙ 高校辅导员职业倦怠的自我预防策略
- ⊙ 高校辅导员职业倦怠的缓解路径

# 一、高校辅导员职业倦怠的内涵

弗鲁顿伯格于1974年首次描述与界定职业倦怠这一现象，他用“burnout”一词来描述那些服务于助人行业(helping professions)的人们因工作时间过长、工作量过大、工作强度过高所经历的一种疲惫不堪的状态。[①]几乎所有职业都存在职业倦怠，服务行业的职业倦怠尤为普遍。职业倦怠不论对从业人员、工作对象，还是对工作绩效、所在单位都有着不良的影响。

高校辅导员工作也存在工作时间长、工作量大、工作强度大的特点，因此，高校辅导员在长期的工作中容易产生职业倦怠。邹群等调查显示，约有50%的高校辅导员存在不同程度的职业倦怠；张坤等调查显示，被调查群体中一半左右高校辅导员存在中度倦怠，也有少数比例高校辅导员存在重度倦怠。郭佩佩等调查显示，上海高校辅导员职业倦怠总体处于中度偏高水平。

---

① Schwab R L. Teacher Stress and Burnout [M]//Sikulan. Handbook of Research on Teacher Education. London: Macmillan, 1996.

# 二、高校辅导员职业倦怠的表现与危害

## (一) 高校辅导员职业倦怠的具体表现

高校辅导员职业倦怠主要表现在以下三个方面：

### 1. 情感衰竭方面

情感衰竭是职业倦怠的核心维度，并具有最明显的症状表现，表现为情绪低落、精神不振、烦躁、易怒和紧张。陷入职业倦怠的高校辅导员一方面对工作丧失热情，对待工作漫不经心，被动地应付学生和学生事务。每天都感觉很累，身心疲惫，提心吊胆，一点小事就发火。另一方面缺乏成就感和幸福感。高校辅导员陷入职业倦怠时，工作状态低迷，工作绩效低，缺乏成就感。有时甚至对工作成绩产生一种无所谓的态度，不能从工作中获得成就感和幸福感，导致对工作越来越不感兴趣。

### 2. 去人格化方面

去人格化指刻意在自身和工作对象间保持距离，对工作对象和环境采用冷漠、忽视的态度。高校辅导员作为大学生的“人生导师和知心朋友”，只有主动接触学生、积极欣赏学生才能获得学生的喜爱，学生才会“亲其师信其道”。陷入职业倦怠的高校辅导员人际关系淡漠，对学生比较冷漠，对同事也不太关心，每天活在自己的小圈子里。敏感多疑、容易与学生和同事产生矛盾，人际关系紧张。

### 3. 低成就感方面

低成就感是指倾向于消极地评价自己并且伴有工作能力体验和成就体验的下降。成就感是职业认同的重要指标，是从业人员爱岗敬业的精神动力。陷入职业倦怠的高校辅导员往往陷于自我否定和环境否定的泥坑中不能自拔。他们不愿学习和提高，遇到困难和难题没有克服的勇气，只是一味地抱怨环境和学生，对自己的能力和工作的意义也持否定的态度。

## （二）高校辅导员职业倦怠的特点

### 1. 隐蔽性

高校辅导员往往比较注意维护自身的职业形象，即使有再大的压力及疲倦，他们都想着不在学生面前表现出来。这让高校辅导员职业倦怠具有隐蔽性的特点，但是这种隐蔽性影响高校辅导员及时地疏导不良情绪、释放过大压力，也影响他们及时向专家和领导求助，这容易造成高校辅导员职业倦怠程度的加深。

### 2. 群体性

高校辅导员往往都面临着高强度的工作和持续的压力，这导致高校辅导员职业倦怠呈现出群体性的特点。邹群等、张坤等、郭佩佩等调查显示，高校辅导员职业倦怠的比例都在50%左右。这样的一个比例说明高校辅导员职业倦怠呈现群体性特点，大量的高校辅导员陷入职业倦怠，容易对高校辅导员群体产生不良的影响。

### 3. 层次性

高校辅导员的具体分工不同，高校辅导员的心理素质和调适能力也不同，因此，高校辅导员职业倦怠呈现出层次性的特点。不同的高校辅导员倦怠程度是不同的，有的是轻度，有的是中度，甚至有少部分辅导员患有重度职业倦怠。轻度的职业倦怠通过及时干预，往往能有所好转。中度和高度职业倦怠的高校辅导员往往难以自拔，对自身健康和对工作的影响都比较大。①

## （三）高校辅导员职业倦怠的危害

### 1. 影响大学生的健康成长

高校辅导员是大学生健康成长的守护者和引导者，陷入职业倦怠的高校辅导员很难完成这样一个使命。另外，大学生正处于人生观、价值观、世界观形成的关键时期，高校辅导员的一言一行都会对大学生形成潜移默化的影响，陷入职业倦怠的高校辅导员自身状态低迷，对大学生的健康成长容易产生不良影响。

---

① 薛浩，陈桂香．高校辅导员职业倦怠的激励机制[J]．中国青年研究，2014(11)：116-119.

### 2. 影响高校辅导员队伍建设

团结协作、充满活力是高校辅导员队伍建设的理想状态，这需要每一个成员拥有积极健康的心态、团结协作的意识和主动创新的勇气。陷入职业倦怠的高校辅导员往往人际关系紧张，不利于团队的合作，同时他们对人对事的消极态度也会对同事和组织产生不良的影响。高校辅导员职业化是高校辅导员队伍建设的前进方向，良好的职业素养和职业形象是高校辅导员努力的方向。陷入职业倦怠的高校辅导员会逐步丧失职业进取心，故步自封、不思进取，难以提升职业素养和职业形象，不利于高校辅导员队伍职业化建设。

### 3. 影响高校学生工作成效

随着社会的发展和高等教育规模的扩大，高校学生工作的复杂度和难度日益增加，要保证高校学生工作的有序运转和良好成效，一支坚强有力的高校辅导员队伍至关重要。职业倦怠让高校辅导员对工作疲于应付，更谈不上主动提升职业能力和创新工作方法，这会让高校辅导员的胜任水平逐步降低，严重影响高校学生工作成效。

# 三、高校辅导员职业倦怠的原因分析

## （一）工作强度过大

高校辅导员工作具有工作时间长、工作内容繁杂、工作压力大的特点。高校辅导员的工作时间按照法律规定是8小时，但在实际工作中，高校辅导员的工作时间没有界限，只要学生有事就要第一时间处理。各高校也都对高校辅导员提出了手机24小时开机的要求。学生工作的事情也特别多，不论是新生入学适应还是毕业生就业，不论是学生生活上的问题还是党团活动的组织，都会找到高校辅导员。这让高校辅导员没有一个良好的作息时间来休息和释放压力，每天疲于应付。特别是确保学生安全所形成的压力更是让高校辅导员战战兢兢、提心吊胆，只要学生的事情，高校辅导员往往都要承担第一责任人的压力，这些压力让一部分辅导员寝食难安。

### （二）职业认识出现偏差

很多高校辅导员在应聘的时候把高校辅导员与专任教师划等号，对高校辅导员职业的认识出现了偏差。一方面没有认识到高校辅导员的工作特点，当开始从事高校辅导员工作时，才发现实际情况不是想象中的那么美好，面对长时间、高压力的高校辅导员工作无所适从。另一方面，对高校辅导员的工作待遇和工作环境期待过高，当发现收入待遇相对专任教师低一些时，当发现一部分学生对自己不太尊重时，当发现一部分工作问题难以解决时，容易产生失落心理和抱怨心理。在这种自怨自艾中，部分高校辅导员的职业倦怠程度不断地加深。

### （三）社会支持不足

首先体现在高校辅导员职业社会认同度相对较低，一部分高校辅导员产生自卑心理，工作热情和工作积极性丧失。高校辅导员工作非常重要，但是由于招聘条件相对专任教师更低，加上社会上一部分人认为高校辅导员就是学生的“保姆”，这导致高校辅导员被一部分师生轻视。其次，高校辅导员单位支持系统不健全。高校辅导员具有“教师和管理干部”双重身份，但实际上既不是专任教师，也不是行政人员。高校辅导员队伍虽然人数不少，但相对全校教职员工来说还是属于小众，所以真切地了解高校辅导员工作特点，愿意并且能够帮助高校辅导员释放压力的人很少。最后，高校辅导员兼顾工作和家庭的难度很大。高校辅导员没有时间界限的工作特点，经常性地值班加班，容易让家属不满，降低高校辅导员的家庭支持力度。这让高校辅导员往往有苦说不出，有苦无处说，难以从职业倦怠中走出来。

## 四、高校辅导员职业倦怠的自我预防策略

### （一）强化职业意识，调整职业认知

如果只是把工作当作一种谋生的手段，从业人员的潜力就难以挖掘。高校

辅导员只有深刻地认识到高校辅导员工作的意义，只有真心认同“为党育人，为国育才”的神圣使命，才能获得源源不断的精神动力。高校辅导员强化职业意识，就是要认知认同践行这份神圣使命，将高校辅导员工作当作事业，愿意为高校辅导员工作奉献时间和精力。高校辅导员工作具有特殊性，它既不同于专任教师的工作也不同于行政人员的工作，正是这份特殊性，我们不能一味地将高校辅导员与专任教师、行政人员进行比较。高校辅导员调整职业认知，就要全面了解高校辅导员工作，了解高校辅导员的职责、待遇、职业化发展方向，真正地选择和从事这份工作。当正确地认识自身的工作，并且愿意为这份工作持之以恒地努力时，高校辅导员一定能“苦中作乐”，勇于克服困难，享受到工作带来的乐趣和成就感，从而远离职业倦怠。

### （二）提升职业素养，增加社会认同

“能力不足”是高校辅导员职业倦怠的原因之一，当面对学生工作中的难题无能为力时，高校辅导员容易对自己失去信心、对工作失去兴趣，从而陷入职业倦怠。高校辅导员需要通过不断的学习和实践来提升职业能力等各方面职业素养，提升分析问题和解决问题的能力。提升职业能力等职业素养，能让高校辅导员增强专业性和权威性，能够促进高校辅导员工作业绩的提升，有利于提升高校辅导员的自信心和成就感，促进高校辅导员增进职业认同、远离职业倦怠。高校辅导员职业道德等职业素养的提升也能够进一步提升他们在学生、家长和社会各界心目中的形象，有利于增进社会认同，完善高校辅导员的社会支持系统，预防高校辅导员职业倦怠的产生或严重化。

### （三）养成积极思维，主动寻求帮助

由于高校辅导员的工作特点和工作环境特殊，高校辅导员在工作中必然会面临难题和很大的压力，如果不能正确地处理这些难题和压力，容易陷入职业倦怠的困境。积极心理学是20世纪末在西方兴起的一个新的研究领域，首倡者是美国当代著名心理学家赛里格曼(Seligmen)。它主张心理学要以人固有的、实际的、潜在的和具有建设性的力量、美德和善端为出发点，用积极的心态来对人的许多心理现象（包括心理问题）进行解读，从而激发人自身内在的积极力量和优秀品质，并利用这些积极力量和优秀品质来帮助普通人或具有一定天赋的人最

大限度地挖掘自己的潜力并获得良好的生活。①高校辅导员需要养成积极思维，积极地看待学生和工作，更重要的是要积极地看待自己，多欣赏少苛责，正确地看待各种压力。除了积极地思考，更重要的是积极地行动。任何一个单独的辅导员能力都是十分有限的，面对复杂问题时，个人的力量往往不够。因此，高校辅导员在面临工作压力和难题时，要勇敢地求助。工作上的问题可以求助领导、老辅导员、学生工作专家，生活上的问题可以求助家人和朋友，心理上的问题可以求助专业人士。当工作难题能够得到及时解决、工作压力能够得到及时疏导时，高校辅导员就可以远离职业倦怠。

## 五、高校辅导员职业倦怠的缓解路径

### （一）多方位宣传，增加高校辅导员的社会认同

首先，借助社会的媒体对高校辅导员的工作及作用进行宣传，引导社会各界尊重高校辅导员，理解高校辅导员工作的价值。向大学生、家长、家属介绍高校辅导员工作，让大家更好地了解、理解和支持高校辅导员的工作。

其次，全方位宣传优秀辅导员的先进事迹，增加高校辅导员的影响力，也让社会各界全面地认识高校辅导员队伍的重要性。

最后，可以让学生、家长、家属走进高校辅导员的工作，真实地了解甚至体验高校辅导员工作，让大家更多地理解高校辅导员工作的不易，从而给高校辅导员更多的支持和帮助。

### （二）优化工作体制，降低高校辅导员工作强度

第一，组建高校辅导员工作团队，发挥集体的力量。高校辅导员的成长需要一个过程，高校辅导员特别是新辅导员单独处理复杂问题时难免会出现力量不足的情况。组建工作团队能够利用团队力量去克服工作中的难题，也可以发挥传、帮、带的作用，从而促进高校辅导员队伍建设质量的提升。

---

① Seligman M. Positive social science [Z]. AmericanPsychological Association Monitor, 1998：53.

第二、明确工作职责，减轻工作负荷。高校辅导员承担九大职责，本身工作内容非常繁杂，但往往还要承担一些职责之外的工作，这导致很多高校辅导员超负荷工作。明确高校辅导员职责，减轻他们的工作负荷，可以缓解高校辅导员的工作压力，也有利于他们腾出更多的精力来学习提高、休息恢复、疏导压力、思考研究。

## （三）注重人文关怀，健全高校辅导员社会支持系统

所谓人文关怀，就是强调以人为本，真切地关心每一个人的生存、尊严和发展，核心在于关心人、尊重人。[①]用感情留人，用关心来凝聚团队，关注并帮助高校辅导员健康成长是破解高校辅导员职业倦怠的重要方法。职业倦怠的本质就是从业人员无法破解身体、能力、情绪的“无能为力”的状态，因此需要关心关注高校辅导员的健康成长，帮助他们解决问题、渡过难关。

帮助高校辅导员远离职业倦怠需要健全高校辅导员社会支持系统，让社会、学校、同事、学生、家属一起来理解和支持高校辅导员的工作。在健全的社会支持系统之下，高校辅导员能够做到工作与休息的协调、事业与家庭的兼顾，能够在各方的帮助下提升能力、解决困难、抵御不良情绪的侵袭。

## （四）畅通晋升通道，增强高校辅导员职业成就感

高校辅导员职业倦怠的一个主要表现是低成就感。造成高校辅导员低成就感有多方面的原因，职业发展通道不通畅是一个非常关键的原因。按照马斯洛需求层次理论，当一个人的低层次需要解决后，高层次的尊重的需要和自我实现的需要对行为的影响将会加大，高校辅导员这种高层次的需要主要体现为职业成就感。职业成就感可以来自高校辅导员一项工作的完成，也可以来自一次性的物质或精神奖励，而职务和职称的晋升将会带给高校辅导员长期和持续的职业成就感。因此，要帮助高校辅导员远离职业倦怠，一定要畅通高校辅导员的晋升通道，让更多的辅导员能够得到职称和职务的晋升。

---

① 黄丽娟，汪勇．高校辅导员职业倦怠表现、成因及对策探析[J].广西社会科学，2018(1)：217-220.

# 第十章

# 高校辅导员工作室建设

- ⊙ 高校辅导员工作室建设的主旨与目标
- ⊙ 高校辅导员工作室建设方向
- ⊙ 高校辅导员工作室建设案例:映山红育人工作室(黄志兴工作室)

为了促进高校辅导员队伍建设，各高校相继开展了高校辅导员工作室建设，教育部办公厅发布的《关于启动2024年度高校思想政治工作质量提升综合改革与精品建设项目申报工作的通知》(教思政厅函〔2023〕12号)在第三项“骨干队伍培育提升建设内容”中增设了“高校辅导员名师工作室”项目，这意味着高校辅导员工作室建设已经得到了国家层面的大力推动。高校辅导员工作室建设是高校辅导员职业化建设的重要载体，是高校辅导员学习、交流、提高的重要平台。

## 一、高校辅导员工作室建设的主旨与目标

《关于启动2024年度高校思想政治工作质量提升综合改革与精品建设项目申报工作的通知》明确指出，高校辅导员工作室以提升辅导员育人能力、促进辅导员成长发展为主线，充分发挥先进典型的示范引领和辐射带动作用，创新打造全国辅导员学习成长“共同体”，构建前辈领航、朋辈互助、同行交流平台。工作室实施主持人负责制，聚焦辅导员履职尽责、成长发展需要，制定工作室成员学习成长计划，能够指导和帮助工作室成员在建设周期内实现学习成长目标；紧紧围绕工作室建设主题，深化理论研究及实践探索，产出一批具有较强针对性与实效性的工作指南、案例或视频；能够依托高校辅导员队伍能力大数据赋能平台，吸纳更多优秀辅导员加入工作室建设，深化拓展工作室建设成效。

## 二、高校辅导员工作室建设方向

每个高校辅导员“名师工作室”应明确1个重点建设方向，具体围绕《普通高等学校辅导员队伍建设规定》明确的高校辅导员九大职责（思想理论教育和价值引领、党团和班级建设、学风建设、学生日常事务管理、心理健康教育与咨询工作、网络思想政治教育、校园危机事件应对、职业规划与就业创业指导、理论和实践研究）或《高校思想政治工作质量提升工程实施纲要》指出的十大育人体系（课程育人质量提升体系、科研育人质量提升体系、实践育人质量提升体系、文化育人质量提升体系、网络育人质量提升体系、心理育人质量提升体系、管理育人质量提升体系、服务育人质量提升体系、资助育人质量提升体系、组织育人质量提升体系）进行凝练并提出。

## 三、高校辅导员工作室建设案例:映山红育人工作室（黄志兴工作室）

### （一）工作室建设背景

在经济全球化时代，各国资本、产品、人员的交流越来越多，思想观念的交流也随之增多。以互联网为基础的信息化时代的到来，特别是自媒体的快速发展，让人们思想观念的交流更加地便捷和迅速，青年大学生比较容易接触到各种各样的价值观念。青年大学生思维活跃、对新生事物具有好奇心和求知欲，同时也具有思想不太成熟、容易偏听偏信的特点，容易对历史虚无主义和消费主义等社会思潮盲目跟风。当青年大学生接触到各种各样的价值观念和社会思潮时，一部分青年大学生不能理性分析和正确对待各种社会思潮，难免会产生思想困惑和价值观迷茫的情况。甚至一部分青年大学生盲听盲信错误思潮，奉行个人主义、享乐主义和拜金主义，思想状况令人担忧。

如何帮助大学生树立正确的世界观、人生观、价值观，如何引导大学生成长为优秀的社会主义建设者和接班人？这是摆在高校思想政治工作者面前的一个课题。

## （二）工作室基本情况

“映山红”寓意为坚定信念、永不言弃的革命精神。映山红育人工作室（黄志兴工作室）2020年立项为江西省首批辅导员名师工作室，以“思想理论教育和价值引领”为建设方向，以“红色文化育人”为特色，致力于帮助大学生树立正确的世界观、人生观、价值观，带领大学生坚定理想信念，引导大学生成长为优秀的社会主义建设者和接班人。

映山红育人工作室（黄志兴工作室）团队由7所高校的19名骨干辅导员强强联合组成，所有成员均为获得过省级以上奖励的骨干辅导员。成员职称、学历、年龄结构分布合理，高级职称4人（硕士生导师3人）、中级职称15人；拥有博士学位的有6名，拥有硕士学位的有13名。

2020年以来，江西省教育厅给予工作室资助30万元。2018年以来，井冈山大学对工作室投入约8万元资金，场地改造维修费用约2万元。

## （三）具体做法和育人实效

### 1. 高举价值引领的旗帜

工作室坚持用科学理论武装青年大学生，开展理论宣讲100多场，覆盖师生10000多人。

“一个民族要想站在科学的最高峰，就一刻也不能没有理论思维”，习近平总书记在纪念马克思诞辰200周年大会上指出，“中华民族要实现伟大复兴，也同样一刻不能没有理论思维”。马克思主义始终是我们党和国家的指导思想，是我们认识世界、把握规律、追求真理、改造世界的强大思想武器。习近平新时代中国特色社会主义思想是马克思主义中国化最新理论成果，是党和人民实践经验和集体智慧的结晶，是全党全国人民为实现中华民族伟大复兴而奋斗的行动指南。

为了推动青年大学生更加自觉地用科学理论武装头脑、指导实践、助力成长，映山红育人工作室（黄志兴工作室）组织工作室成员宣讲习近平新时代中国特色社会主义思想、党的二十大精神、马克思主义经典著作、中国共产党精神等100多场，覆盖师生1万多人次。工作室还通过微信公众号推送马克思主义经典著作推文60多篇，提升了青年大学生的理论素养。

### 2. 凸显价值引领的特色

工作室坚持用红色文化涵养青年大学生，组织开展红色主题活动200多场，覆盖师生2万余人。

习近平总书记要求“把红色基因传承好，确保红色江山永不变色”。红色文化是中国共产党带领全国人民在革命、建设中形成的社会主义先进文化。传承红色基因，就是高举爱党、爱国、爱社会主义的伟大旗帜。红色文化具有坚定政治立场、提升道德品质、优化心理素质、鼓舞精神斗志的功能，是开展大学生思想引领工作的优质资源。

工作室成员组织全校的大学生参观井冈山精神博物馆并在现场宣讲中国共产党精神；利用学校的山地和学校标志性建筑开展“红色挑粮”体验活动；面向高校师生开展红色家书诵读活动；组织青年大学生开展红色歌曲齐唱；承办井冈山大学红色故事会。工作室还通过微信工作号向广大大学生推送“井冈山及周边地区的红色传说”“红色家书诵读”等红色主题推文，线上线下一起发力宣传红色文化。2020年以来，工作室开展各类红色主题活动200多次，覆盖师生2万余人次。

工作室出版了《红色基因融入大学生思想政治教育》论文集1部，收录优秀论文18篇。对红色基因融入大学生日常思想政治教育进行了广泛、深入的探讨，力求丰富“红色基因融入大学生思想政治教育”的理论研究成果并为实践提供参考。

### 3. 提升价值引领的针对性和亲和力

工作室坚持关注和解答大学生成长过程中的问题，出版了《大学生成长100问》。

大学是人生的一段重要经历，是大学生青春成长的关键时期。不同阶段的大学生在成长过程中都会碰到许多问题和困惑。引导处在“拔节孕穗期”的大学生“扣好人生的扣子”是高校辅导员的职责所在。针对大学生学习生活中的难题和成长过程的思想困惑，映山红育人工作室（黄志兴工作室）与丹姐工作室合作，组织一线专职辅导员敞开心扉、昼夜笔耕、倾其所悟，撰写了《大学生成长100问》，并于2022年5月由同济大学出版社正式出版。《大学生成长100问》的相关内容在多个微信公众号和校园网上广泛推送，阅读量超过10万次，成为大学生答疑解惑的好帮手，有效地提升了大学生价值引领的针对性和有效性。

图书内容已定稿，但我们答疑解惑的职责并没有停止，随着时代的发展，大学生还会遇到新的环境和问题，大学生成长所需要的，就是我们要提供的，工作室全体成员将一直陪伴在青年大学生的左右，为青春导航。我们将始终不忘育人初心，牢记树人使命，守护“后浪”，当好引路人，为学生成长引路导航。

4. 壮大价值引领的力量

工作室倾情助力高校学生工作骨干成长，打造了“赋能成长营”高校学生工作骨干成长平台。

做好大学生价值引领工作离不开一支高水平的思想政治教育队伍。工作室成立以来，坚持每月开展一次工作研讨，经常性组织团队成员参加相关培训和学术研讨会，团队建设质量不断提升。2020年以来，团队成员参加各类培训52人次，团队成员获得省级以上表彰33项、校级以上表彰76项。工作室不仅致力于提升自身团队建设水平，还打造“赋能成长营”平台，2020年以来，通过线上和线下相结合的方式，面向高校辅导员、班主任、大学生骨干开展了39场培训，5000多师生受益，这些培训活动促进了高校辅导员（班主任）、思想政治教师、大学生骨干能力的提升，壮大了大学生价值引领的力量。

“赋能成长营”系列活动涵盖高校思想政治教育骨干能力提升各方面内容，比如“如何撰写活动方案”“提升政治素养，肩负时代重任”“思想政治教育科研方法”等；采用丰富多彩的活动形式，既有理论讲座、读书分享会，也有主题演讲和现场培训，还有工作沙龙、人物访谈、团队素质拓展等丰富多彩的内容。

5. 扩大价值引领的范围和影响力

工作室坚持线下、线上一起发力，建设运营微信公众号。

青年大学生生活在信息时代，他们是“网络原住民”，他们的学习、生活、休闲、交流都与互联网密切相关。网络和新媒体是青年大学生的“第二空间”，很多大学生在“第二空间”上活动的时间超过8小时。“大学生在哪里，我们的阵地就建到哪里”，既然大学生们在线上的时间如此之长，大学生价值引领工作必须坚持线上传播和线下宣传相结合。

工作室除了在线下开展各类大学生价值引领活动，还建设运营微信工作号，微信公众号开设了13个栏目，2020年以来发表推文300多篇，关注量达到5000多人，推文被青春井大、井大学工等多家媒体转发，阅读量超过10万次，有效地扩大了主流价值观在青年大学生中的传播。

6. 注重价值引领的经验总结和理论提升

工作室坚持开展理论与实践研究，形成了一系列成果。

工作室团队在实践创新的基础上，注重工作经验的总结和理论提升，积极开展理论与实践研究。工作室团队在开展思想政治教育科学研究时充分发挥团队合作的优势，集中讨论课题指南、交叉论证申报书、交叉修改论文。在这种模式下，工作室团队项目申报书和论文质量得到不断提升，项目立项率和论文发表率大大提升。2020年以来，工作室团队成员主持研究项目34项，出版著作3部，发表思想政治教育类论文36篇。

## （四）工作室建设启示

### 1. 理论武装为大学生价值引领工作奠定了坚实的基础

理论是实践的先导，“思想这个阵地，你不占领，别人就会占领”。要实现立德树人的根本任务，培养合格的社会主义建设者和接班人，必须坚持用科学的理论武装人，必须坚持用习近平新时代中国特色社会主义思想武装青年大学生，帮助他们树立正确的世界观、人生观、价值观，获得理论判断力和分辨力，进而有力抵制错误思潮的侵蚀，坚定为中华民族伟大复兴而奋斗的理想信念。

### 2. 红色资源有利于提升大学生价值引领的感染力和说服力

习近平总书记多次强调，要把红色资源利用好、把红色传统发扬好、把红色基因传承好。红色文化资源丰富多样，具有直观性、生动性的特点，能够提升大学生价值引领的感染力和说服力。通过参观红色场馆、开展红色采风等红色主题活动，能够引起青年大学生的情感共鸣，提升大学生价值引领的成效。

### 3. 回应大学生的利益关切，能够提升大学生价值引领的亲和力和有效性

马克思说过：“思想”一旦离开“利益”，就一定会使自己出丑。空洞的说教方法在大学生价值引领工作中效果有限。在大学生价值引领工作中要善于找到“利益”的切入点，才能让价值引领工作事半功倍。所谓“利益”，指的是青年大学生的关注点和期盼点。做好大学生的价值引领工作，我们首先要了解大学生们关心的问题、碰到的难题，然后帮助大学生们去解决这些问题和难题。在解答大学生的问题中对大学生的思想进行“润物无声”的引导，用真诚的行动获得青年大学生们的认可和认同。

### 4. 高水平思想政治工作队伍建设是大学生价值引领的保障

做好大学生价值引领工作离不开一支高水平的思想政治工作队伍。在价值观多元化和各种社会思潮粉墨登场的背景下，大学生价值引领的难度不断提升。高校思想政治工作者只有成为“大先生”，才能得到大学生的认可和亲近，才能引导青年大学生坚定不移跟党走。因此，高校思想政治工作者需要树立终身学习的理念，主动学习深造，积极开展理论与实践研究，不断提升思想政治工作理论

水平，增强实践本领。

**5. 开展网络思想政治教育，有利于扩大价值引领的范围和影响力**

网络和新媒体是青年大学生学习生活的“第二空间”，很多大学生平均每天在“第二空间”上活动的时间超过8小时。

“大学生在哪里，我们的阵地就建到哪里”，既然大学生们在线上的时间如此之长，大学生价值引领工作必须开拓网上阵地，实现对大学生学习生活的全网“覆盖”，不断扩大价值引领的范围和影响力。

# 第十一章

## 高校辅导员科研工作

- ⊙ 高校辅导员开展科研工作的必要性
- ⊙ 高校辅导员科研工作的策略:以问题为导向
- ⊙ 高校辅导员科研坐标的确定:文献综述的意义与撰写方法

伴随着高校辅导员职业化专业化的发展,高校辅导员双线晋升的政策落实得越来越好。特别是随着高校辅导员职称评审单列,越来越多的高校辅导员晋升到副教授甚至教授职称,这让高校辅导员群体倍感兴奋。这也让越来越多的高校辅导员对科研工作越来越重视。

## 一、高校辅导员开展科研工作的必要性

### (一) 开展科研工作是高校辅导员的职责所在

《普通高等学校辅导员队伍建设规定》明确指出,高校辅导员的主要工作职责包括九项,其中第九项为“理论与实践研究”。这项职责要求高校辅导员努力学习思想政治教育的基本理论和相关学科知识,参加相关学科领域学术交流活动,参与校内外思想政治教育课题或项目研究。

### (二) 开展科研工作是高校辅导员晋升职称的要求

《普通高等学校辅导员队伍建设规定》明确指出专职辅导员可按教师职务(职称)要求评聘思想政治教育学科或其他相关学科的专业技术职务(职称)。在目前的高校教师职称评聘文件中,一般都规定了晋升上一级职称需要具备相应的科研条件,高校辅导员评聘职称同样需要具备相应的科研条件。

### （三）开展科研工作是高校辅导员职业化、专业化与专家化的必经途径

《高等学校辅导员职业能力标准(暂行)》明确指出初级辅导员要攻读并获得思想政治教育、教育学、管理学等相关专业学位；参加校内相关学科领域学术交流活动；参与校内外思想政治教育课题或项目研究；能掌握思想政治教育的基本理论观点；能融入学术团队，运用理论分析、调查研究等方法，归纳分析相关问题。

中级辅导员一般工作年限为4～8年，具备一定工作经验，培养了较强研究能力，积累了一定理论和实践成果；中级辅导员要攻读并获得思想政治教育、教育学、管理学等相关专业博士学位；参加国内学术交流活动；主持或参与校级及以上思想政治教育课题或项目研究，形成具有针对性和实效性的研究成果并能开展深入的科学研究；能领导管理科研项目团队；以第一作者身份在相关领域期刊发表3篇学术论文。

高级辅导员一般工作8年以上，具有丰富的实践经验、较高的理论水平和学术修养；参加国际交流、考察和进修深造；主持省部级以上思想政治教育课题或项目研究；形成具有影响力和推广价值的研究成果，能深入把握国内外学生事务工作前沿进展；以第一作者身份在相关领域核心期刊发表10篇以上学术论文；能推动研究成果的转化应用；对中级辅导员的研究进行指导。

### （四）高校辅导员开展科研工作可以更好地解决学生工作中遇到的问题

伴随社会的急剧变革和高等教育的加速发展，高校学生工作中的问题日益多样化和复杂化，高校辅导员只有深入地开展理论与实践研究、全面地分析问题、深入地了解问题产生的原因和影响因素，才能更好地把握和解决问题。开展科研工作，高校辅导员还可以广泛地学习和借鉴其他专家的经验，可以通过调查研究深入地了解学生的思想和行为，这些都有利于提升高校辅导员的工作能力，促进高校学生工作问题的解决。

## 二、高校辅导员科研工作的策略:以问题为导向

### (一) 高校辅导员科研工作以问题为导向的原因

**1. 现实问题是辅导员开展理论与实践研究的契机**

高校辅导员每天奋战在学生工作第一线,思想引领、安全教育、党团建设、心理排查、谈心谈话……其工作强度、工作压力可想而知。在落实各项工作中,产生的问题也层出不穷,有些问题还相当棘手。但是从研究的角度看,这些问题恰恰为高校辅导员开展科研工作提供了契机。

**2. 以问题为导向开展科研工作是高校辅导员提升工作绩效的重要手段**

有的高校辅导员讲"我哪里有时间做所谓的科研",我每天都有解决不完的问题。这确实是一个现实问题,高校辅导员确实很忙。但是,那些恼人的问题就摆在那,你一天不解决,这些问题就困扰你一天。我们越是逃避,问题反而越是难以脱身,越积越多,越多越烦躁,最终造成严重的职业倦怠,影响学生工作的成效。所以,对学生工作中遇到的问题进行深入研究、妥善解决,是高校辅导员提升工作绩效的重要手段。

**3. 问题是高校辅导员成长的垫脚石**

我们可以把学生工作中遇到的问题当成资源,当成高校辅导员专业成长的垫脚石。选择一个或几个问题好好地研究一番,积极主动想办法,工作能力和工作绩效就能够不断提升。这样的事情做得多了,解决问题的能力就增强了,理论与实践研究能力也会慢慢地提升,高校辅导员工作质量不断提高,在学校的影响力就大了,职称晋升、职务晋升的机会就多了。

**4. 以问题为导向是平衡科研与日常工作的新思路**

高校辅导员的时间是有限的,如果拿出一部分时间来开展纯理论研究,难免会对日常工作造成冲击。而以问题为导向的科研工作,将日常工作中的问题作为科研的对象,能够助力实际工作问题的解决,高效实现辅导员日常工作业绩和科研业绩的双向推进,从而平衡其日常工作和科研工作。

## （二）辅导员如何以问题为导向开展理论与实践研究

以问题为导向开展科研工作，既可以“大做”，也可以“小做”。“大做”就是申报立项，规范研究；“小做”就是无需立项，自主研究。“大做”有“大做”的好处，“小做”有“小做”的优点。

### 1. 遴选并确定一个具体问题

选择一个问题，定为最近要解决的问题。这个很重要，如果不定向、不聚焦，眉毛胡子一把抓，最终什么也抓不到，自然就一无所获。选择第一个问题时，出于稳妥考虑，建议选择一个难度较小的问题来分析，比如班级考勤问题。

### 2. 分析问题背后的原因

可以采取访谈或是问卷调查的方式，了解问题产生原因。如为什么有的学生总是迟到？可以就这个问题调研学生、学生干部和教师，对调研得来的原因进行分类，哪些原因是主观的？哪些原因客观的？主观原因有哪些？客观原因有哪些？寻找到问题背后的原因以后，可以为后面制定相应的解决策略提供依据。

### 3. 针对原因预设行动策略

解决问题必然要想办法。一定要相信：办法总比问题多；还要相信，集体智慧大于个人智慧。可以召开主题班会，开展头脑风暴，分组让学生寻找解决问题的对策。随后将学生提出的策略汇总，进行优选，并结合教师的建议，最终确定几个重点策略，将其纳入实施范畴。

### 4. 策略实施反馈调整

对优选出来的策略进行实施，实施过程就是解决问题的过程，在实施过程中要边行动边反馈，并且根据反馈信息及时进行调整。策略实施的过程是一个螺旋式渐进过程，要把整个过程中出现的问题、典型案例、有关数据记录下来。

## （三）以问题为导向开展科研的结果判定与基本框架

### 1. 结果判定

（1）研究假设的证实。所谓理论与实践研究的成功就是课题提出的研究目标全都实现了，提出的研究假设成立；还有一种是课题提出的研究目标没有实现，提出的研究假设不成立。前者证明研究假设为真，后者证明研究假设为伪。这都是科研的成功。

(2) 研究问题的解决。理论与实践研究还有一个重要的成功指标，就是解决了现实问题，研究目的得以达成。

#### 2. 基本框架

(1) 为什么要研究这个问题?

(2) 针对现实问题我提出哪些对策?

(3) 这些对策是如何一步步实施的?

(4) 用事例数据阐释实施过程中的具体情况。

(5) 研究产生了怎样的效果及问题解决到了怎样的程度?

(6) 研究还存在哪些不足和今后有哪些改进?

## 三、高校辅导员科研坐标的确定：文献综述的意义与撰写方法

在与高校辅导员同仁的交流中，笔者发现有一部分辅导员不知道如何着手开展科研工作，想法很多但不知道从何着手，有时辛辛苦苦完成一篇论文或一份项目申报书以后，却被专家认为是重复研究或者创新价值不足。很多高校辅导员也坦言，申报书的其他部分好写，但是国内外研究现状这一部分不知如何起笔。

以上现象反映出一部分高校辅导员不了解文献综述的意义和撰写方法，不知道如何通过撰写文献综述找到自己的科研坐标，导致不知从何处开始自己的科研工作。这样的迷茫也是导致一些高校辅导员撰写的学术论文和项目申报书质量低下的重要原因。

要走出这样的困境，首先要了解文献综述的意义和作用，让有志于从事科学研究的高校辅导员愿意花时间和精力来学习文献综述的写作方法，将理论科研工作建立在文献综述的基础上，从而明确自身的科研坐标，知道从哪里出发，到哪里去。

### (一) 文献综述的内涵

文献综述是在确定了选题后，在对选题所涉及的研究领域的文献进行广泛

阅读和理解的基础上，对该研究领域的研究现状(包括主要学术观点、前人研究成果和研究水平、争论焦点、存在的问题及可能的原因等)进行综合分析、归纳整理和评论，并提出自己的见解和研究思路而写成的一种学术论文。它要求作者既要对所查阅资料的主要观点进行综合整理、陈述，还要根据自己的理解和认识，对综合整理后的文献进行比较专门的、全面的、深入的、系统的论述和相应的评价，而不仅仅是相关领域学术研究内容的“堆砌”。

通俗来说，确定选题以后，我们要了解学界是否研究过这个主题？研究过哪些方面的内容？学界是怎样开展这方面研究的？目前的研究成果有哪些？目前研究的不足和趋势分别是什么？

## (二) 文献综述的意义和价值

### 1. 文献综述能够帮助我们寻找选题的切入点和突破点

理论与实践研究实质上是一种创新活动——不断创新以便填补研究空白或完善目前科学研究的不足。一切课题研究的建立都应考虑到目前的研究基础、存在的不足、科学研究发展趋势及其在目前研究基础上进一步推进的概率。

通过文献综述可以深入了解各种各样科学研究的构思、优点和不足，依据研究现状，寻找论文的突破口和切入点，使我们的科学研究站在前人的肩膀上。

### 2. 文献综述可以为科学研究找寻新的研究思路和强有力的直接证据

文献综述是追踪和消化吸收世界各国学术观点和科学研究全新成果、掌握科研最前沿发展趋势、获得最新信息内容的重要途径，有利于把握世界各国全新的基础理论和研究思路。最新科学研究成果的启发不但有利于大家为论文的深入分析寻找新的方式和线索，使有关的定义和基础理论细化，并且为科学分析论证自身的见解提供了丰富多彩而有感染力的客观事实和数据信息，使科学研究结果创建在“靠谱”的原材料基础上。

### 3. 文献综述可以防止重复工作，提升科学研究的实际意义和使用价值

“科学家应该把人类历史上尚未提出或解决的问题作为科学研究的主题。从事这种研究才是真正有意义的科学研究。”重复性研究不但消耗很多的时间和精力，并且会造成长期以来科学研究水准不高。据统计，科研人员在科研项目中研究图书信息材料的时间，占全部科学研究时间的1/3到1/2。文献综述可以让我们充分掌握现有的研究资料，从而找到真问题，避免重复研究已经解决的问题；找到正确的方法，避免重新犯前人犯过的错误。

## （三）文献综述的撰写方法

文献综述的撰写分为四个步骤：确定研究主题、收集文献、阅读文献、撰写文献综述。

### 1. 确定研究主题

知识经济时代，文献浩如烟海，因此确定文献综述的研究主题是非常重要的一步，这将为后面的研究确定范围。确定文献综述的研究主题的大小要考虑时间因素与文献因素。如果主题太大，因涉及的文献总量太大、牵扯的问题太多，短时间内根本无法完成。如果主题太小，又会导致涉及的文献太少，失去综述的意义。我们可以通过调整时间性关键词和地点性关键词来进行调整。以"十八大以来江西省高校辅导员职业化研究"为例，这个研究主题包含了三个关键词：时间性关键词"十八大以来"、地点性关键词"江西省"，以及主题性关键词"高校辅导员职业化"。我们第一次搜索时，可以同时打上这三个关键词，估计搜索出来的文献很少。那么接下来，我们就要拆解、组合、扩大这三个关键词。我们可以先去掉时间性的关键词，搜索"江西省高校辅导员职业化"，或者扩大地域性关键词，搜索"十八大以来高校辅导员职业化"。当我们遇到这种包含多个关键词的研究主题时，可以尝试一下拆解、组合、扩大的方法，来确定我们需要的文献范围。

### 2. 收集文献

确定研究主题之后，我们就要开始第二步：收集文献。收集的文献包括：电子文献、纸质文献和其他文献。电子文献我们可以通过知网等搜索引擎来完成，纸质文献可以通过图书馆查阅等途径来完成，而一些未发行的材料可能需要到博物馆等地方去收集。

(1) 在收集文献时，我们要正确地处理好原始文献和二手文献的关系。原始文献与二手甚至三手、四手文献的本质区别就在于可信度不同，原始文献具有更高的可信赖度，而二手就差一些，三手、四手就更差。一手文献还有二手文献是我们学术研究的主要文献来源，特别是一手资料尤为可贵。但在这里并不是贬低三手文献的价值。往往在研究的启蒙阶段，或者在我们日常的学习生活中，三手资料也是我们重要的知识来源，只是它不适合在研究阶段过多引用。

(2) 在收集文献时我们还要处理好文章和书籍的关系。由于论文多已上网，可以通过相应的数据库检索。不少人图省事，只是去收集网络上的论文，而不去查找相关的书籍。收集文献需要做到文章与书籍并重、电子文献与纸质文献并重。书籍中既要看专门的著作(包括博士论文、教授资格论文等),也要看各种教科书。

(3) 在收集文献时,我们特别要注意文献的代表性和权威性,这可以让我们的文献综述建立在准确、可靠的基础上。要提高文献的代表性和权威性,我们在收集文献时要尽量选择以下5个方面的资料:一流期刊的文章、各研究领域的经典著作、各研究领域权威作者的作品、各专业的权威教材、知名学术会议的论文集。

**3. 阅读文献**

(1) 确定阅读目的。阅读文献首先要确定阅读目的,做学术研究最怕漫无目的地阅读文献。确定阅读目的是我们读任何文献之前要做的一件事。阅读一篇论文之前问一下自己,我看这篇论文的目的是什么?是要学习所处领域的研究理论方法,还是了解某个研究对象本身,或者是想知道最新研究趋势还是寻找灵感?

即使是同一篇论文,当我们怀着不同的目的去读的时候,所关注的重点也会不同。如果阅读目的是要了解研究理论方法,那么阅读的重点就应该在作者介绍自己的研究理论方法的地方;如果是要了解研究对象本身,那么就要重点阅读这篇论文中介绍研究主题的地方;如果是要了解最新研究趋势,那么就要注意作者如何阐释他研究当中的创新之处……

(2) 快速阅读的方法。当我们确定自己的阅读目的之后,如何快速判断一篇文章是否符合自己的阅读目的?定位到自己感兴趣的部分呢?这就需要掌握快速阅读的方法。任何一篇论文,千万不要拿到手里就按照顺序从第一页读到最后一页,这样做没效率。当我们确定了阅读目的之后,可通过快速浏览题目、摘要、关键词、引言、小标题和结论来确定这篇文章是否符合你的阅读期待,也就是这篇文章对你来说是否有阅读价值,并且定位到对你最有用的地方。

题目能够清楚地揭示文章研究的主题。摘要,是快速了解一篇文章最重要的部分。如果我们没有时间阅读引言和结论的话,只需读摘要部分也可以了解一篇论文的主要内容。因为通常,一篇合格的摘要一定会包括作者的研究问题、研究方法和结论。关键词,可以窥探出作者的研究主题、研究理论。引言,是一篇论文的引子,有时会直接作为论文的第一个小标题出现。但如果是短小篇幅的论文,并不会把引言作为一个小标题,那么在这种情况下,第一个小标题之前的部分就是引言了。通常,引言会提出论文研究的中心问题,还有论文的结构。小标题,就是文章内容的结构排序。通过小标题可以快速定位到自己感兴趣的部分。结论，和引言同理，有的论文会直接把结论作为最后一个小标题，但如果结论部分本身短小的话，可能直接作为论文的最后一两个自然段出现。读结论时我们要关注在引言部分所提出的中心问题在结论中是如何回答的。还有就是，如果我们关注的是最新研究趋势的话，就要注意作者是否在结论部分预言相关内容的研究前景。

(3) 精读的方法。通过速读，我们就可以确定哪些文献资料需要精读了。精读有三种阅读方式：第一种是仔细阅读全文。第二种是大体浏览全文＋重点阅读某个部分。第三种是重点阅读某个部分。具体采取哪种方式，要根据这篇文章对你的价值和你自己的时间来决定。

(4) 记笔记的方法。在阅读过程中，我们可能需要通过"记笔记"的方式来加深理解。这里讲的是通过"记笔记"的方式来加深理解，不是简单地摘抄，我们记笔记要解决以下四个问题：

第一是写下"自己的总结、评价和应用"。用一两句话概括出全文的内容，有助于自己对文章的理解，也有助于日后翻开笔记的时候快速回忆全文内容。评价，就是写下这篇论文的长处和短处。应用的部分也很重要，写下这篇文章哪些内容可以应用到自己的论文中，可以是一个例子、一句结论或者是他人所用的研究方法。可见，笔记的第一部分是我们读完整篇论文之后才能写下的内容。

第二是写下文章的中心问题。每篇论文都有一个中心问题，我们称之为理解一篇论文的钥匙。一篇论文之所以存在就是为了解决这个问题。所以，在通篇阅读之前，找出这个问题非常关键，好在这把钥匙通常在摘要或者引言中就可以找到。

第三是写下文章的结论。之所以把它放在这个位置，是因为结论就是上方中心问题的答案。这样读起来就会对文章的中心一目了然。这个步骤，可以在通读全文之前，也就是在快速阅读的阶段就可以写下。

第四是梳理文章的思想脉络。把每个小标题按顺序写下，然后在阅读的过程中，把每个小标题中的关键句记下并用数字序号串联起来，也会对了解文章的主要内容大有帮助。

(5) 其他注意事项。在阅读过程中，我们还要注意三点：第一是先阅读原始文献，再阅读二手文献。这样可以规避二手文献中的错误先入为主地影响自己，尤其是研究者对这个领域还陌生的时候。第二是先阅读新文献，再阅读旧文献。这是因为新文献往往包含了旧文献的内容，遵循这个方法可以更为快捷地了解相应的知识。第三是根据你的时间和阅读速度来制定阅读计划。建议大家连续地在最短的时间内读完。最高效的阅读计划是，坚持每天都看一些，尽量缩短阅读周期,这样有利于我们对论文内容的整体把握和理解。

4. 撰写文献综述

(1) 确立文献综述的组织结构。经过前期的准备,我们就要开始文献综述的撰写工作了。要撰写文献综述,首先要确立文献综述的组织结构,即先讨论什么问题,再讨论什么问题,心中要有数。在撰写文献综述的时候,必须对文献进行概括,不能简单地照搬照抄。除了对他人成果的概述外,重要的是要注重分析、比较和对照,并提出建议。因为文献综述不是简单地对已有研究成果的回顾和说明,而是要为自己开辟新的研究阵地和研究方向,所以要侧重于对既有研究的利弊得失的评判分析。

(2) 确定文献组织方式。撰写文献综述最关键也是最难的一步,就是对文献进行分类,用逻辑结构把引用的文献组织起来。这也是设计文献综述正文、结构、小标题的过程。一般来说有四种文献组织方式:按时间、按地点、按学科、按研究主题。

① 按照时间组织文献时,就是按照文献出版的时间排列组织文献,这个方式虽然简单,但文献要符合以下的特性:同时期的文献的研究成果类似,不同时期的文献之间有着继承关系或者明显不同、时期的转折点明确。

② 按照地域组织文献时,不同地域的文献必须有着明显的地域特色。比如关于高校学生工作的文献综述,可把文献按国内研究和国外研究分类。

③ 按照学科组织文献时,我们的研究主题对象必须符合跨学科研究条件,并有多个学科对它进行了研究。比如环境保护就是典型的跨学科研究主题,就可以用不同学科名称来组织文献。

④ 按照研究主题组织文献综述,是大多数学者都会选择的文献综述组织框架。比如关于红色文化的文献综述,就是从文献的不同研究主题来组织文献的:可以分为红色文化的概念、红色文化的类型、红色文化教育的方式方法等。

也有文献综述采用其他的方式来组织,应用比较少,在此不一一列举了。

(3) 文献综述写作格式和内容要素。在确定文献组织方式后,我们来了解文献综述写作格式和内容要素。文献综述一般包括引言、正文、结论三个部分。

① 在引言部分,要用社会背景、事件、研究数据、研究趋势等引出研究主题,并说明研究的重要性;要说明收集文献的途径、步骤、标准和文献综述的写作结构。

② 在正文部分,按照框架结构,把文献介绍出来就好了。有过突出学术贡献和与自己研究主题最相关的文献重点介绍,其他补充类文献次要介绍。如果文献比较多的话,我们可以用表格来梳理。

③ 在结论部分，要对综述正文部分的内容进行总结；通过文献综述，发现研究现状存在的问题和不足；还要展望未来有潜力的研究角度。如果这个综述是课题申报书的一部分，要引出自己的研究，说明它的创新贡献。

**5. 参考文献的说明**

需要特别说明一下，参考文献是文献综述的重要组成部分。一般参考文献的多少可以体现出作者阅读文献的广度和深度。对综述类论文参考文献的数量不同期刊有不同的要求，一般以30条以内为宜，以3～5年内的最新文献为主。参考文献著录格式，国家出台了相关标准，可按照国家标准著录。有些期刊有特殊的要求，也是在国家标准的基础上修改的。

### （四）撰写文献综述的注意事项

**1. 搜集文献应尽量全**

掌握全面、大量的文献资料是写好文献综述的前提，否则，随便搜集一点资料就动手撰写是不可能写出好的文献综述的。

**2. 要注意引用文献的代表性、可靠性和科学性**

在搜集到的文献中可能出现文献观点雷同的情况，不同的文献在可靠性及科学性方面存在着差异，因此在引用文献时应注意选用代表性、可靠性和科学性较强的文献。

**3. 引用文献要忠实于文献内容**

由于文献综述有作者自己的评论分析，因此在撰写时应分清作者的观点和文献的内容，不能篡改文献的内容。引用文献不宜过多。文献综述的作者引用间接文献的现象时有所见。如果文献综述作者把他人引用的文献转引过来，这些文献在他人引用时是否恰当？有无谬误？文献综述作者是不知道的，所以最好不要间接转引文献。

**4. 参考文献要规范、详细**

有的科研论文可以将参考文献省略，但文献综述绝对不能省略，而且应是文中引用过的，能反映主题全貌的并且是作者直接阅读过的文献资料。

**5. 要写好引言，彰显文献综述的价值**

一些作者似乎把论文的引言看成是一种形式，是可有可无的部分，将引言的写作和正文的写作相分离，认为引言只是为了给论文加一顶帽子。引言能够使读者准确地判断文献综述的具体价值，明确作者的研究与以往的研究工作有什么不同。

**6. 要做到述评结合，论点从文献出**

文献综述要避免引文罗列，缺少分析和概括的情况。一些作者对所研究的问题了解不深，在介绍研究现状时往往列出一大堆参考文献，罗列出不同研究者的不同作法和结论，缺乏作者的分析和归纳，没有概括出研究的成果和存在的问题。还有一些作者文献综述的观点没有文献材料的支撑，脱离了文献综述的本意。所以，撰写文献综述时，一定要述评结合，坚持论点从已有文献中得出。

# 附　录

## 高校辅导员职业化相关文件梳理

高校辅导员队伍建设质量的提升得益于党和国家的高度重视，党和国家出台了一系列政策来推进高校辅导员职业化进程，本附录将高校辅导员职业化相关的文件梳理如下。

## 关于进一步加强和改进大学生思想政治教育的意见

（2004年8月）

为深入贯彻党的十六大精神，适应新形势、新任务的要求，提高大学生的思想政治素质，促进大学生的全面发展，现就进一步加强和改进大学生思想政治教育提出以下意见。

### 一、加强和改进大学生思想政治教育是一项重大而紧迫的战略任务

1. 大学生是十分宝贵的人才资源，是民族的希望，是祖国的未来。目前，我国在校大学生包括本科生、专科生和研究生约有2000万。加强和改进大学生思想政治教育，提高他们的思想政治素质，把他们培养成中国特色社会主义事业的建设者和接班人，对于全面实施科教兴国和人才强国战略，确保我国在激烈的国际竞争中始终立于不败之地，确保实现全面建设小康社会、加快推进社会主义现代化的宏伟目标，确保中国特色社会主义事业兴旺发达、后继有人，具有重大而深远的战略意义。

2. 改革开放特别是党的十三届四中全会以来，党中央坚持"两手抓、两手都要硬"的方针，切实加强和改进对大学生思想政治教育工作的领导。各地区各部门和高等学校认真贯彻落实中央要求，加强和改进思想政治教育工作，在培养高素质人才，推动高等教育改革发展，维护学校和社会稳定等方面发挥了重要作用。当代大学生思想政治状况的主流积极、健康、向上。他们热爱党，热爱祖国，热爱社会主义，坚决拥护党的路线方针政策，高度认同邓小平理论和"三个代表"

重要思想，充分信赖以胡锦涛同志为总书记的党中央，对坚持走中国特色社会主义道路、实现全面建设小康社会的宏伟目标充满信心。

3. 国际国内形势的深刻变化，使大学生思想政治教育既面临有利条件，也面临严峻挑战。国际敌对势力与我争夺下一代的斗争更加尖锐复杂，大学生面临着大量西方文化思潮和价值观念的冲击，某些腐朽没落的生活方式对大学生的影响不可低估。随着对外开放不断扩大、社会主义市场经济的深入发展，我国社会经济成分、组织形式、就业方式、利益关系和分配方式日益多样化，人们思想活动的独立性、选择性、多变性和差异性日益增强。这有利于大学生树立自强意识、创新意识、成才意识、创业意识，同时也带来一些不容忽视的负面影响。一些大学生不同程度地存在政治信仰迷茫、理想信念模糊、价值取向扭曲、诚信意识淡薄、社会责任感缺乏、艰苦奋斗精神淡化、团结协作观念较差、心理素质欠佳等问题。

4. 面对新形势、新情况，大学生思想政治教育工作还不够适应，存在不少薄弱环节。一些地方、部门和学校的领导对大学生思想政治教育工作重视不够，办法不多。全社会关心支持大学生思想政治教育的合力尚未形成。学校思想政治理论课实效性不强，哲学社会科学一些学科教材建设滞后，思想政治教育与大学生思想实际结合不紧，少数学校没有把大学生的思想政治教育摆在首位、贯穿于教育教学的全过程。学生管理工作与形势发展要求不相适应，思想政治教育工作队伍建设亟待加强，少数教师不能做到教书育人、为人师表。加强和改进大学生思想政治教育是一项极为紧迫的重要任务。

## 二、加强和改进大学生思想政治教育的指导思想和基本原则

5. 加强和改进大学生思想政治教育的指导思想是：坚持以马克思列宁主义、毛泽东思想、邓小平理论和“三个代表”重要思想为指导，深入贯彻党的十六大精神，全面落实党的教育方针，紧密结合全面建设小康社会的实际，以理想信念教育为核心，以爱国主义教育为重点，以思想道德建设为基础，以大学生全面发展为目标，解放思想、实事求是、与时俱进，坚持以人为本，贴近实际、贴近生活、贴近学生，努力提高思想政治教育的针对性、实效性和吸引力、感染力，培养德智体美全面发展的社会主义合格建设者和可靠接班人。

6. 加强和改进大学生思想政治教育的基本原则是：(1) 坚持教书与育人相结合。学校教育要坚持育人为本、德育为先，把人才培养作为根本任务，把思想政治教育摆在首要位置。(2) 坚持教育与自我教育相结合。既要充分发挥学校教师、党团组织的教育引导作用，又要充分调动大学生的积极性和主动性，引导他们自我教育、自我管理、自我服务。(3) 坚持政治理论教育与社会实践相结合。既

重视课堂教育，又注重引导大学生深入社会、了解社会、服务社会。(4) 坚持解决思想问题与解决实际问题相结合。既讲道理又办实事，既以理服人又以情感人，增强思想政治教育的实际效果。(5) 坚持教育与管理相结合。把思想政治教育融于学校管理之中，建立长效工作机制，使自律与他律、激励与约束有机地结合起来，有效地引导大学生的思想和行为。(6) 坚持继承优良传统与改进创新相结合。在继承党的思想政治工作优良传统的基础上，积极探索新形势下大学生思想政治教育的新途径、新办法，努力体现时代性，把握规律性，富于创造性，增强实效性。

### 三、加强和改进大学生思想政治教育的主要任务

7. 以理想信念教育为核心，深入进行树立正确的世界观、人生观和价值观教育。要坚持不懈地用马克思列宁主义、毛泽东思想、邓小平理论和“三个代表”重要思想武装大学生，深入开展党的基本理论、基本路线、基本纲领和基本经验教育，开展中国革命、建设和改革开放的历史教育，开展基本国情和形势政策教育，开展科学发展观教育，使大学生正确认识社会发展规律，认识国家的前途命运，认识自己的社会责任， 确立在中国共产党领导下走中国特色社会主义道路，实现中华民族伟大复兴的共同理想和坚定信念。同时，要积极引导大学生不断追求更高的目标，使他们中的先进分子树立共产主义的远大理想，确立马克思主义的坚定信念。

8. 以爱国主义教育为重点，深入进行弘扬和培育民族精神教育。深入开展中华民族优良传统和中国革命传统教育，开展各民族平等团结教育，培养团结统一、爱好和平、勤劳勇敢、自强不息的精神，树立民族自尊心、自信心和自豪感。要把民族精神教育与以改革创新为核心的时代精神教育结合起来，引导大学生在中国特色社会主义事业的伟大实践中，在时代和社会的发展进步中汲取营养，培养爱国情怀、改革精神和创新能力，始终保持艰苦奋斗的作风和昂扬向上的精神状态。

9. 以基本道德规范为基础，深入进行公民道德教育。要认真贯彻《公民道德建设实施纲要》，以为人民服务为核心、以集体主义为原则、以诚实守信为重点，广泛开展社会公德、职业道德和家庭美德教育，引导大学生自觉遵守爱国守法、明礼诚信、团结友善、勤俭自强、敬业奉献的基本道德规范。坚持知行统一，积极开展道德实践活动，把道德实践活动融入大学生学习生活之中。修订完善大学生行为准则，引导大学生从身边的事情做起，从具体的事情做起，着力培养良好的道德品质和文明行为。

10. 以大学生全面发展为目标，深入进行素质教育。加强民主法制教育，增

强遵纪守法观念。加强人文素质和科学精神教育，加强集体主义和团结合作精神教育，促进大学生思想道德素质、科学文化素质和健康素质协调发展，引导大学生勤于学习、善于创造、甘于奉献，成为有理想、有道德、有文化、有纪律的社会主义新人。

## 四、充分发挥课堂教学在大学生思想政治教育中的主导作用

11. 高等学校思想政治理论课是大学生思想政治教育的主渠道。思想政治理论课是大学生的必修课，是帮助大学生树立正确的世界观、人生观、价值观的重要途径，体现了社会主义大学的本质要求。要按照充分体现当代马克思主义最新成果的要求，全面加强思想政治理论课的学科建设、课程建设、教材建设和教师队伍建设，进一步推动邓小平理论和"三个代表"重要思想进教材、进课堂、进大学生头脑工作。要联系改革开放和社会主义现代化建设的实际，联系大学生的思想实际，把传授知识与思想教育结合起来，把系统教学与专题教育结合起来，把理论武装与实践育人结合起来，切实改革教学内容，改进教学方法，改善教学手段。要加强对思想政治理论课的宏观指导，采取有力措施，力争在几年内使思想政治理论课教育教学情况有明显改善。

12. 形势政策教育是思想政治教育的重要内容和途径。要建立大学生形势政策报告会制度，定期编写形势政策教育宣讲提纲，建立形势政策教育资源库。国家机关和地方党政负责人要经常为大学生作形势报告。学校要紧密结合国际国内形势变化和学生关注的热点、难点问题，制定形势政策教育教学计划，认真组织实施。

13. 高等学校哲学社会科学课程负有思想政治教育的重要职责。哲学社会科学中的绝大部分学科都具有鲜明的意识形态属性，对于帮助大学生坚定正确的政治方向，正确认识和分析复杂的社会现象，提高思想道德修养和精神境界具有十分重要作用。要坚持和巩固马克思主义在意识形态领域的指导地位，在哲学社会科学教学中充分体现马克思主义中国化的最新理论成果，用科学理论武装大学生，用优秀文化培育大学生。要发扬理论联系实际的优良学风，发挥哲学社会科学的优势，紧密围绕大学生普遍关心的、改革开放和现代化建设中的重大问题，做好释疑解惑和教育引导工作。要结合实施马克思主义理论研究和建设工程，精心组织编写全面反映毛泽东思想、邓小平理论和"三个代表"重要思想的哲学、政治经济学、科学社会主义、中共党史以及政治学、社会学、法学、史学、新闻学和文学等哲学社会科学重点学科的教材，努力形成以当代中国马克思主义为指导的具有中国特色、中国风格、中国气派的哲学社会科学学科体系和教材体系。

14. 高等学校各门课程都具有育人功能，所有教师都负有育人职责。广大教师要以高度负责的态度，率先垂范、言传身教，以良好的思想、道德、品质和人格给大学生以潜移默化的影响。要把思想政治教育融入到大学生专业学习的各个环节，渗透到教学、科研和社会服务各个方面。要深入发掘各类课程的思想政治教育资源，在传授专业知识过程中加强思想政治教育，使学生在学习科学文化知识过程中，自觉加强思想道德修养，提高政治觉悟。要坚持学术研究无禁区、课堂讲授有纪律，严格教育教学纪律，切实加强教材管理，在讲台上和教材中不得散布违背宪法和党的路线方针政策的错误观点和言论。

### 五、努力拓展新形势下大学生思想政治教育的有效途径

15. 深入开展社会实践。社会实践是大学生思想政治教育的重要环节，对于促进大学生了解社会、了解国情，增长才干、奉献社会，锻炼毅力、培养品格，增强社会责任感具有不可替代的作用。要建立大学生社会实践保障体系，探索实践育人的长效机制，引导大学生走出校门，到基层去，到工农群众中去。高等学校要把社会实践纳入学校教育教学总体规划和教学大纲，规定学时和学分，提供必要经费。积极探索和建立社会实践与专业学习相结合、与服务社会相结合、与勤工助学相结合、与择业就业相结合、与创新创业相结合的管理体制，增强社会实践活动的效果，培养大学生的劳动观念和职业道德。要认真组织大学生参加军政训练。利用好寒暑假，开展形式多样的社会实践活动。积极组织大学生参加社会调查、生产劳动、志愿服务、公益活动、科技发明和勤工助学等社会实践活动。重视社会实践基地建设，不断丰富社会实践的内容和形式，提高社会实践的质量和效果，使大学生在社会实践活动中受教育、长才干、作贡献，增强社会责任感。

16. 大力建设校园文化。校园文化具有重要的育人功能，要建设体现社会主义特点、时代特征和学校特色的校园文化，形成优良的校风、教风和学风。大力加强大学生文化素质教育，开展丰富多彩、积极向上的学术、科技、体育、艺术和娱乐活动，把德育与智育、体育、美育有机结合起来，寓教育于文化活动之中。要善于结合传统节庆日、重大事件和开学典礼、毕业典礼等，开展特色鲜明、吸引力强的主题教育活动。重视校园人文环境和自然环境建设，完善校园文化活动设施，建设好大学生活动中心。加强校报、校刊、校内广播电视和学校出版社的建设，加强哲学社会科学研讨会、报告会、讲座的管理，绝不给错误观点和言论提供传播渠道。坚决抵制各种有害文化和腐朽生活方式对大学生的侵蚀和影响。禁止在学校传播宗教。

17. 主动占领网络思想政治教育新阵地。要全面加强校园网的建设，使网络

成为弘扬主旋律、开展思想政治教育的重要手段。要利用校园网为大学生学习、生活提供服务，对大学生进行教育和引导，不断拓展大学生思想政治教育的渠道和空间。要建设好融思想性、知识性、趣味性、服务性于一体的主题教育网站和网页，积极开展生动活泼的网络思想政治教育活动，形成网上网下思想政治教育的合力。要密切关注网上动态，了解大学生思想状况，加强同大学生的沟通与交流，及时回答和解决大学生提出的问题。要运用技术、行政和法律手段，加强校园网的管理。严防各种有害信息在网上传播。加强网络思想政治教育队伍建设，形成网络思想政治教育工作体系，牢牢把握网络思想政治教育主动权。

18. 开展深入细致的思想政治工作和心理健康教育。要结合大学生实际，广泛深入开展谈心活动，有针对性地帮助大学生处理好学习成才、择业交友、健康生活等方面的具体问题，提高思想认识和精神境界。要重视心理健康教育，根据大学生的身心发展特点和教育规律，注重培养大学生良好的心理品质和自尊、自爱、自律、自强的优良品格，增强大学生克服困难、经受考验、承受挫折的能力。要制定大学生心理健康教育计划，确定相应的教育内容、教育方法。要建立健全心理健康教育和咨询的专门机构，配备足够数量的专兼职心理健康教育教师，积极开展大学生心理健康教育和心理咨询辅导，引导大学生健康成长。

19. 努力解决大学生的实际问题。思想政治教育既要教育人、引导人，又要关心人、帮助人。高等学校要从严治教，加强管理，改善办学条件，提高教育教学质量，为大学生成长成才创造条件。要加强对经济困难大学生的资助工作，以政府投入为主，多方筹措资金，不断完善资助政策和措施，形成以国家助学贷款为主体，包括助学奖学金、勤工助学基金、特殊困难补助和学费减免在内的助学体系，帮助经济困难大学生完成学业。要帮助大学生树立正确的就业观念，引导毕业生到基层、到西部、到祖国最需要的地方建功立业。要进一步建立健全大学生就业指导机构和就业信息服务系统，提供高效优质的就业创业服务。通过服务育人、管理育人，把党和政府对大学生的关怀落到实处。

### 六、充分发挥党团组织在大学生思想政治教育中的重要作用

20. 发挥党的政治优势和组织优势，做好大学生思想政治教育工作。高等学校党组织要高度重视学生党员发展工作，坚持标准，保证质量，把优秀大学生吸纳到党的队伍中来。对入党积极分子要注重早期培养。加强制度建设，严格发展程序，进行系统的党的知识教育和实践锻炼。对大学生党员要加强党员先进性教育，使他们严格要求自己，提高党性修养，充分发挥在大学生思想政治教育中的骨干带头作用和先锋模范作用。要坚持把党支部建在班上，努力实现本科学生班级“低年级有党员、高年级有党支部”的目标。创新学生党支部活动方式，

丰富活动内容，增强凝聚力和战斗力，使其成为开展思想政治教育的坚强堡垒。高度重视研究生党组织建设，切实加强研究生思想政治教育。

21. 发挥共青团和学生组织作用，推进大学生思想政治教育。共青团是党领导下的先进青年的群众组织，是党的助手和后备军，在大学生思想政治教育中具有重要作用。高等学校团组织要把加强大学生思想政治教育工作摆在突出位置，充分发挥在教育、团结和联系大学生方面的优势，竭诚为大学生的成长成才服务。要全面实施大学生素质拓展计划，组织开展丰富多彩的思想政治教育活动。要加强对优秀团员的培养，认真做好推荐优秀共青团员入党工作。要坚持党建带团建，把加强团的建设作为高等学校党建的重要任务。要切实加强团的组织建设，选拔优秀青年党员教师做团的工作，保证高校共青团组织机构设置和人员配备。要把团干部作为思想政治教育工作队伍的重要组成部分，做好培养、锻炼和输送工作。高等学校学生会、研究生会是党领导下的大学生群众组织，是加强和改进大学生思想政治教育的重要依靠力量，也是大学生自我教育的组织者。学生会、研究生会要自觉接受党的领导，在共青团指导下，针对大学生特点，开展生动有效的思想政治教育活动，把广大学生紧密团结在党的周围，在大学生思想政治教育中更好地发挥桥梁和纽带作用。

22. 依托班级、社团等组织形式，开展大学生思想政治教育。班级是大学生的基本组织形式，是大学生自我教育、自我管理、自我服务的主要组织载体。要着力加强班级集体建设，组织开展丰富多彩的主题班会等活动，发挥团结学生、组织学生、教育学生的职能。要加强对大学生社团的领导和管理，帮助大学生社团选聘指导教师，支持和引导大学生社团自主开展活动。要高度重视大学生生活社区、学生公寓、网络虚拟群体等新型大学生组织的思想政治教育工作，选拔大学生骨干参与学生公寓、网络的教育管理，发挥大学生自身的积极性和主动性，增强教育效果。

### 七、大力加强大学生思想政治教育工作队伍建设

23. 思想政治教育工作队伍是加强和改进大学生思想政治教育的组织保证。大学生思想政治教育工作队伍主体是学校党政干部和共青团干部，思想政治理论课和哲学社会科学课教师，辅导员和班主任。学校党政干部和共青团干部负责学生思想政治教育的组织、协调、实施；思想政治理论和哲学社会科学课教师根据学科和课程的内容、特点，负责对学生进行思想理论教育、思想品德教育和人文素质教育；辅导员、班主任是大学生思想政治教育的骨干力量，辅导员按照党委的部署有针对性地开展思想政治教育活动，班主任负有在思想、学习和生活等方面指导学生的职责。要采取切实措施，培养一批坚持以马克思主义为指导，

理论功底扎实,勇于开拓创新,善于联系实际,老中青相结合的哲学社会科学学科带头人和教学骨干队伍,使他们在大学生思想政治教育中发挥更大的作用。所有从事大学生思想政治教育的人员,都要坚持正确的政治方向,加强思想道德修养,增强社会责任感,成为大学生健康成长的指导者和引路人。在事关政治原则、政治立场和政治方向问题上不能与党中央保持一致的,不得从事大学生思想政治教育工作。广大教职员工都负有对大学生进行思想政治教育的重要责任。要制定完善有关规定和政策,明确职责任务和考核办法,形成教书育人、管理育人、服务育人的良好氛围和工作格局。教师要提高师德和业务水平,爱岗敬业,教书育人,为人师表,以良好的思想政治素质和道德风范影响和教育学生。学校管理工作要体现育人导向,把严格日常管理与引导大学生遵纪守法、养成良好行为习惯结合起来。后勤服务人员要努力搞好后勤保障,为大学生办实事办好事,使大学生在优质服务中受到感染和教育。

24. 完善大学生思想政治教育工作队伍的选拔、培养和管理机制。按照政治强、业务精、纪律严、作风正的要求,坚持专兼结合的原则,研究和制定加强高校思想政治教育工作队伍建设的具体意见,吸引更多的优秀教师从事学生思想政治教育工作。要加强思想政治教育学科建设,培养思想政治教育工作专门人才。实施大学生思想政治教育队伍人才培养工程,建立思想政治教育人才培养基地。选拔推荐一批从事政治教育思想的骨干进一步深造,攻读思想政治教育相关专业的硕士、博士学位,学成后专职从事思想政治教育工作。采取有效措施,组织参加社会实践、挂职锻炼、学习考察等活动,不断提高他们的工作能力和水平。要建立完善大学生思想政治教育专职队伍的激励和保障机制。完善思想政治教育队伍的专业职务系列,从思想政治教育专职队伍的实际出发,解决好他们的教师职务聘任问题,鼓励支持他们安心本职工作,成为思想政治教育方面的专家。建立专项评优奖励制度,定期评比表彰思想政治教育工作先进集体和个人,树立、宣传、推广一批先进典型。要采取有力措施,着力建设一支高水平的辅导员、班主任队伍。院(系)的每个年级都要按适当比例配备一定数量的专职辅导员,每个班级都要配备一名兼职班主任,鼓励优秀教师兼任班主任工作。辅导员、班主任工作在大学生思想政治教育第一线,任务繁重,责任重大,学校要从政治上、工作上、生活上关心他们,在政策和待遇方面给予适当倾斜。

### 八、努力营造大学生思想政治教育工作的良好社会环境

25. 全社会都要关心大学生的健康成长,支持大学生思想政治教育工作。宣传、理论、新闻、文艺、出版等方面要坚持弘扬主旋律,为大学生思想政治教育营造良好的社会舆论氛围,为大学生提供丰富的精神食粮。要坚持团结稳定鼓劲、

正面宣传为主，反映高等学校思想政治教育工作的先进典型和优秀大学生的先进事迹。各类网站要牢牢把握正确导向，主动承担社会责任，积极开发教育资源，开展形式多样的网络思想政治教育活动。重点新闻网站要不断改进创新，切实增强吸引力和感染力，在大学生思想政治教育活动中发挥导向作用。要大力发展文化事业和文化产业，为学生提供更多更好的文化产品和文化服务。文化部门和艺术团体要进一步推进高雅文化进校园活动，丰富校园文化生活，提高学生艺术修养。充分发挥爱国主义教育基地对大学生的教育作用，各类博物馆、纪念馆、展览馆、烈士陵园等爱国主义教育基地，对大学生集体参观一律实行免票。各级政府和企事业单位要鼓励和支持面向大学生的公益性文化活动。坚持不懈地开展"扫黄""打非"，依法加强对各类网站的管理，净化文化市场和网络环境。

26. 各级党委和政府要为高等学校创建良好的育人环境。要把优化校园周边环境作为推进社会主义精神文明建设的重要任务，结合城市改造和社区建设搞好规划，加强综合治理。要依法加强对学校周边的文化、娱乐、商业经营活动的管理，坚决取缔干扰学校正常教学、生活秩序的经营性娱乐活动场所，严厉打击各种刑事犯罪活动，及时处理侵害学生合法权益、身心健康的事件和影响学校、社会稳定的事端。要为大学生专业实习和社会实践创造条件，提供便利。要把高校毕业生就业作为就业工作的重要组成部分，常抓不懈，完善毕业生就业市场机制，健全毕业生就业服务体系，落实毕业生自主创业、灵活就业的各项扶持政策。要动员社会各方力量，完善资助困难大学生的机制，帮助大学生解决实际困难。党政机关、社会团体、企事业单位以及街道、社区、村镇等要主动配合做好大学生思想政治教育工作。学校要探索建立与大学生家庭联系沟通的机制，相互配合对学生进行思想政治教育。

### 九、切实加强对大学生思想政治教育工作的领导

27. 各级党委和政府要从战略全局的高度，充分认识加强和改进大学生思想政治教育的重大意义，把"培养什么人"、"如何培养人"这一重大课题始终摆在重要位置，切实加强领导。要弘扬求真务实精神，及时研究解决涉及大学生健康成长和切身利益的实际问题。制定有关政策和法规，不仅要有利于经济和各项事业的发展，而且要有利于大学生的健康成长。要建立健全党委统一领导、党政群齐抓共管、有关部门各负其责、全社会大力支持的领导体制和工作机制，形成全党全社会共同关心支持大学生思想政治教育的强大合力。教育部要对全国高等学校大学生思想政治教育工作统一规划、组织协调、宏观指导和督促检查。各地负责高校思想政治工作的部门，要切实负起责任。各有关部门要主动配合，共同做好大学生思想政治教育工作。要重视和加强民办高等学校党的建设和大学生

的思想政治教育。

28. 高等学校要充分发挥大学生思想政治教育主阵地、主课堂、主渠道作用。要把大学生思想政治教育摆在学校各项工作的首位，贯穿于教育教学的全过程。要建立和完善党委统一领导、党政齐抓共管、专兼职队伍相结合、全校紧密配合、学生自我教育的领导体制和工作机制。高等学校党委要统一领导大学生思想政治教育工作，经常分析大学生思想状况和思想政治教育工作状况，制订思想政治教育的总体规划，对大学生思想政治教育作出全面部署和安排。校长要对大学生德智体美全面发展负责，把思想政治教育与教学、科研、社会服务工作结合起来，同时部署，同时检查，同时评估。学校各部门要明确各自责任，密切协作，切实完成相应任务。学校基层党团组织要认真履行学生思想政治教育的职责，把加强和改进大学生思想政治教育的各项任务真正落到实处。

29. 不断完善大学生思想政治教育的保障机制。要建立健全与法律法规相协调、与高等教育全面发展相衔接、与大学生成长成才需要相适应的思想政治教育和管理的制度体系。要加大大学生思想政治教育工作的经费投入，教育行政部门和学校要合理确定思想政治教育工作方面的经费投入科目，列入预算，确保各项工作顺利开展。学校要为开展大学生思想政治教育工作提供必要的场所与设备，不断改善条件，优化手段。要把大学生思想政治教育工作作为对高等学校办学质量和水平评估考核的重要指标，纳入高等学校党的建设和教育教学评估体系。

30. 加强大学生思想政治教育科学研究工作。各级宣传和教育行政部门要组织专家学者积极开展科学研究，为加强和改进大学生思想政治教育提供理论支持和决策依据。各地哲学社会科学规划工作领导部门要把大学生思想政治教育重大问题研究列入规划。各级高等学校思想政治教育研究会等学术研究机构和团体要加强自身建设，发挥在大学生思想政治教育科学研究、决策咨询、工作指导等方面的重要作用。

## 教育部关于加强高等学校辅导员班主任队伍建设的意见

（2005年1月）

为贯彻落实《中共中央国务院关于进一步加强和改进大学生思想政治教育的意见》（中发〔2004〕16号）精神，现就加强高等学校辅导员、班主任队伍建设提出如下意见。

### 一、加强辅导员、班主任队伍建设的重要意义

辅导员、班主任是高等学校教师队伍的重要组成部分，是高等学校从事德育

工作，开展大学生思想政治教育的骨干力量，是大学生健康成长的指导者和引路人。加强辅导员、班主任队伍建设，是加强和改进大学生思想政治教育和维护高校稳定的重要组织保证和长效机制，对于全面贯彻党的教育方针，把大学生思想政治教育的各项任务落到实处，具有十分重要的意义。要从战略和全局的高度，充分认识新形势下加强辅导员、班主任队伍建设的特殊重要性和紧迫性。

多年来，各地各高等学校采取多种措施加强辅导员、班主任队伍建设，积累了一定经验，取得了明显成效。但是，总体上看，辅导员、班主任队伍建设还不能很好地适应新形势下加强和改进大学生思想政治教育的需要，还存在一些问题和困难，必须采取切实措施加以解决。要像重视业务学术骨干一样重视辅导员、班主任的选拔、培养和使用，使他们干事有平台、发展有空间，充分调动他们工作的积极性和创造性，为培养德智体美全面发展的社会主义合格建设者和可靠接班人作出贡献。

**二、认真做好辅导员、班主任队伍的选聘配备工作**

做好辅导员、班主任的选聘配备工作，是加强辅导员、班主任队伍建设的基础。高等学校要根据实际工作需要，科学合理地配备足够数量的辅导员和班主任。专职辅导员总体上按1:200的比例配备，保证每个院（系）的每个年级都有一定数量的专职辅导员。同时，每个班级要配备一名兼职班主任。

辅导员、班主任工作在大学生思想政治教育的第一线，在思想、学习和生活等方面负有指导学生、关心学生的职责，要按照党委的部署有针对性地开展思想政治教育活动。在重大政治问题上要立场坚定，旗帜鲜明，与党中央保持高度一致，坚决维护党和国家的利益及高校稳定。高等学校要高度重视辅导员、班主任的选聘工作，必须坚持政治强、业务精、纪律严、作风正的标准，把德才兼备、乐于奉献、潜心教书育人、热爱大学生思想政治教育事业的人员选聘到辅导员、班主任队伍中来。专职辅导员原则上要从党员教师和党政干部中选聘。专职辅导员应关心热爱学生，善于做大学生思想政治工作，具备较强的组织管理能力、群众工作能力以及语言和文字表达能力。有条件的高等学校可以根据工作需要，从本校免试推荐的硕士生、博士生中择优选聘专职辅导员，专职从事辅导员工作一段时间后，再攻读研究生学位。班主任应从思想素质好、业务水平高、奉献精神强的教师特别是中青年教师中选聘，原则上应具备相关学科专业背景和较强的组织管理能力。辅导员、班主任的选聘工作要在学校党委统一领导下，采取组织推荐和公开招聘相结合的方式进行。要在保证数量的基础上，不断优化结构，提高辅导员、班主任的工作能力和水平。高等学校广大教师特别是党员教师要把担任辅导员、班主任工作作为教书育人应尽的责任，积极主动承担这一光荣任务。

## 三、大力加强辅导员、班主任队伍的培养培训工作

加强辅导员、班主任的培养工作，是加强辅导员、班主任队伍建设的关键。各地教育部门和高等学校要制定辅导员、班主任培训规划，建立分层次、多形式的培训体系，做到先培训后上岗，坚持日常培训和专题培训相结合。要重点组织辅导员、班主任学习马克思列宁主义、毛泽东思想、邓小平理论和“三个代表”重要思想，学习时事政策，学习管理学、教育学、社会学和心理学以及就业指导、学生事务管理等方面的知识。要适时安排辅导员进行脱产、半脱产或在职培训进修，选拔优秀辅导员定向攻读学位。教育部将会同有关部门组织开展高校辅导员示范培训，各地教育部门也要开展多种形式的辅导员、班主任培训。通过培训，不断提高辅导员、班主任的思想政治素质和业务素质。

各地教育部门和高等学校要创造条件，积极组织辅导员、班主任参加社会实践和学习考察，使他们开阔视野，拓展思路，提高解决实际问题的能力，增长做好思想政治教育工作的才干。要制定并落实辅导员、班主任参加实践锻炼的具体办法。要积极创造条件，支持辅导员参加挂职锻炼和学习考察等活动。

## 四、切实为辅导员、班主任工作和发展提供政策保障

制定促进辅导员、班主任工作和发展的政策，是加强辅导员、班主任队伍建设的保障。要切实解决好辅导员评聘教师职务问题，根据辅导员岗位职责要求，进一步完善相应的专业技术职务评聘标准。各地教育部门和高等学校要按学校教师职务岗位职数的适当比例评聘专职辅导员的教师职务。各省(自治区、直辖市)和有条件的高等学校应成立专门的评审组织，评审中要充分考虑辅导员工作的特点，注重考核其思想政治教育工作的实绩，特别是在关键时刻的表现。兼职班主任在晋升专业职务时，要充分考虑其担任班主任的工作经历和业绩。专任教师晋升高一级教师职务时，原则上要有担任班主任等学生教育管理工作的经历。

要统筹规划专职辅导员的发展。鼓励和支持一批骨干攻读相关学位和业务进修，长期从事辅导员工作，向职业化、专家化方向发展。要把专职辅导员队伍作为党政后备干部培养和选拔的重要来源，根据工作需要，向校内管理工作岗位输送或向地方组织部门推荐。高校选拔党政领导干部，要重视专职辅导员的经历。根据本人的条件和志向，也可向教学、科研工作岗位输送。

要创造条件为辅导员、班主任获取工作信息和资料提供方便。通过多种渠道，帮助辅导员、班主任了解国际国内形势、党和国家的方针政策以及各地和高等学校有关工作的好经验、好做法，及时向他们通报学校改革发展的情况。

要完善辅导员、班主任评优奖励制度。各地教育部门和高等学校要将优秀辅导员、班主任表彰奖励纳入各级教师、教育工作者表彰奖励体系中，按一定比例评选，统一表彰。要树立一批辅导员、班主任先进典型，宣传他们的先进事迹，充分肯定辅导员、班主任在大学生思想政治教育中的贡献。

要加强对辅导员、班主任队伍的管理。制定高等学校辅导员、班主任工作条例，进一步明确其工作职责和工作要求。要完善辅导员、班主任的考核制度，定期对辅导员、班主任进行工作考核。考核结果要与职务聘任、奖惩、晋级等挂钩。对工作不称职的要进行批评教育，仍无改进的应调离工作岗位。在事关政治原则、政治立场和政治方向问题上不能与党中央保持一致的，不得从事辅导员、班主任工作。

要为辅导员、班主任队伍建设创造必要条件。高等学校要根据实际，将辅导员、班主任的岗位津贴等纳入学校内部分配体系统筹考虑，确保辅导员、班主任的实际收入与本校专任教师的平均收入水平相当。专职辅导员在职攻读学位和国内外业务进修，应纳入学校教师培训计划，享受学校有关鼓励政策。要创造条件鼓励并支持辅导员、班主任结合大学生思想政治教育的工作实践开展科学研究，不断探索和创新大学生思想政治教育的思路和办法。

各地教育部门和高等学校要根据本意见，结合实际，制订具体实施意见和细则。

## 普通高等学校辅导员队伍建设规定

（2006年7月）

### 第一章　总　则

第一条　为深入贯彻落实《中共中央国务院关于进一步加强和改进大学生思想政治教育的意见》精神，切实加强高等学校辅导员队伍建设，特制定本规定。

第二条　高等学校应当把辅导员队伍建设作为教师队伍和管理队伍建设的重要内容。加强辅导员队伍建设，应当坚持育人为本、德育为先，促进高等学校改革、发展和稳定，促进培养造就有理想、有道德、有文化、有纪律的社会主义建设者和接班人。

第三条　辅导员是高等学校教师队伍和管理队伍的重要组成部分，具有教师和干部的双重身份。辅导员是开展大学生思想政治教育的骨干力量，是高校学生日常思想政治教育和管理工作的组织者、实施者和指导者。辅导员应当努力成为学生的人生导师和健康成长的知心朋友。

## 第二章 要求与职责

第四条 辅导员工作的要求是:

(一)认真做好学生日常思想政治教育及服务育人工作,加强学生班级建设和管理;

(二)遵循大学生思想政治教育规律,坚持继承与创新相结合,创造性地开展工作,促进学生健康成长与成才;

(三)主动学习和掌握大学生思想政治教育方面的理论与方法,不断提高工作技能和水平;

(四)定期开展相关工作调查和研究,分析工作对象和工作条件的变化,及时调整工作思路和方法;

(五)注重运用各种新的工作载体,特别是网络等现代科学技术和手段,努力拓展工作途径,贴近实际、贴近生活、贴近学生,提高工作的针对性和实效性,增强工作的吸引力和感染力。

第五条 辅导员的主要工作职责是:

(一)帮助高校学生树立正确的世界观、人生观、价值观,确立在中国共产党领导下走中国特色社会主义道路、实现中华民族伟大复兴的共同理想和坚定信念。积极引导学生不断追求更高的目标,使他们中的先进分子树立共产主义的远大理想,确立马克思主义的坚定信念;

(二)帮助高校学生养成良好的道德品质,经常性地开展谈心活动,引导学生养成良好的心理品质和自尊、自爱、自律、自强的优良品格,增强学生克服困难、经受考验、承受挫折的能力,有针对性地帮助学生处理好学习成才、择业交友、健康生活等方面的具体问题,提高思想认识和精神境界;

(三)了解和掌握高校学生思想政治状况,针对学生关心的热点、焦点问题,及时进行教育和引导,化解矛盾冲突,参与处理有关突发事件,维护好校园安全和稳定;

(四)落实好对经济困难学生资助的有关工作,组织好高校学生勤工助学,积极帮助经济困难学生完成学业;

(五)积极开展就业指导和服务工作,为学生提供高效优质的就业指导和信息服务,帮助学生树立正确的就业观念;

(六)以班级为基础,以学生为主体,发挥学生班集体在大学生思想政治教育中的组织力量;

(七)组织、协调班主任、思想政治理论课教师和组织员等工作骨干共同做好经常性的思想政治工作,在学生中间开展形式多样的教育活动;

（八）指导学生党支部和班委会建设，做好学生骨干培养工作，激发学生的积极性、主动性。

## 第三章　配备与选聘

第六条　高等学校总体上要按师生比不低于1∶200的比例设置本、专科生一线专职辅导员岗位。辅导员的配备应专职为主、专兼结合，每个院（系）的每个年级应当设专职辅导员。每个班级都要配备一名兼职班主任。

第七条　高等学校可以根据实际情况按一定比例配备研究生辅导员，从事研究生思想政治教育工作。研究生专业导师在研究生思想政治教育工作方面要担负相应职责。

第八条　辅导员选聘应当坚持如下标准：

（一）政治强、业务精、纪律严、作风正；

（二）具备本科以上学历，德才兼备，乐于奉献，潜心教书育人，热爱大学生思想政治教育事业；

（三）具有相关的学科专业背景，具备较强的组织管理能力和语言、文字表达能力，接受过系统的上岗培训并取得合格证书。

第九条　辅导员选聘工作要在高等学校党委统一领导下，采取组织推荐和公开招聘相结合的方式进行。高等学校组织、人事、学生工作部门和院（系）等相关单位按辅导员任职条件及笔试、面试考核等相关程序具体负责选聘工作。

第十条　新聘任的青年专业教师，原则上要从事一定时间的辅导员、班主任工作。

专职辅导员可兼任学生党支部书记、院（系）团委（团总支）书记等相关职务，并可承担思想道德修养与法律基础、形势政策教育、心理健康教育、就业指导等相关课程的教学工作。

## 第四章　培养与发展

第十一条　高等学校应结合实际，按各校统一的教师职务岗位结构比例合理设置专职辅导员的相应教师职务岗位。专职辅导员可按助教、讲师、副教授、教授要求评聘思想政治教育学科或其他相关学科的专业技术职务。

第十二条　高等学校应根据辅导员岗位基本职责、任职条件等要求，结合各校实际，制定辅导员评聘教师职务的具体条件，突出其从事学生工作的特点。辅导员评聘教师职务应坚持工作实绩、科学研究能力和研究成果相结合的原则，对于中级以下职务应侧重考察工作实绩。

第十三条　高等学校应成立专职辅导员专业技术职务聘任委员会，具体负责本校专职辅导员专业技术职务聘任工作。

高等学校专职辅导员专业技术职务聘任委员会一般应由有关校领导，学生工作、组织人事、教学科研部门负责人等相关人员组成。

第十四条　高等学校可根据辅导员的任职年限及实际工作表现，确定相应级别的行政待遇，给予相应的倾斜政策。

第十五条　辅导员的培养应纳入高等学校师资培训规划和人才培养计划，享受专任教师培养同等待遇。

第十六条　高等学校应当鼓励、支持辅导员结合大学生思想政治教育的工作实践和思想政治教育学科的发展开展研究。

第十七条　省、自治区、直辖市教育行政部门应当建立辅导员培训和研修基地，承担所在区域内高等学校辅导员的岗前培训、日常培训和骨干培训，对辅导员进行思想政治教育、时事政策、管理学、教育学、社会学和心理学以及就业指导、学生事务管理等方面的专业化辅导与培训，开展与辅导员工作相关的科学研究。

各高校负责对本校辅导员的系统培训。

第十八条　高等学校要积极选拔优秀辅导员参加国内国际交流、考察和进修深造。支持辅导员在做好大学生思想政治教育工作的基础上攻读相关专业学位，鼓励和支持专职辅导员成为思想政治教育工作方面的专门人才。

第十九条　高等学校要积极为辅导员的工作和生活创造便利条件，应根据辅导员的工作特点，在岗位津贴、办公条件、通讯经费等方面制定相关政策，为辅导员的工作和生活提供必要保障。

第二十条　高等学校应把辅导员队伍作为后备干部培养和选拔的重要来源，根据工作需要，向校内管理工作岗位选派或向地方组织部门推荐。

## 第五章　管理与考核

第二十一条　高等学校辅导员实行学校和院(系)双重领导。高等学校要把辅导员队伍建设放在与学校教学、科研队伍建设同等重要位置，统筹规划，统一领导。

学生工作部门是学校管理辅导员队伍的职能部门，要与院(系)共同做好辅导员管理工作。院(系)要对辅导员进行直接领导和管理。

第二十二条　各高等学校要制定辅导员工作考核的具体办法，健全辅导员队伍的考核体系。对辅导员的考核应由组织人事部门、学生工作部门、院(系)和学生共同参与。考核结果要与辅导员的职务聘任、奖惩、晋级等挂钩。

第二十三条　教育部设立“全国高校优秀辅导员”称号，定期评选表彰优秀辅导员。各地教育部门和高等学校要将优秀辅导员表彰奖励纳入各级教师、教育工作者表彰奖励体系中，按一定比例评选，统一表彰。

## 第六章　附　则

第二十四条　本规定适用于普通高等学校辅导员队伍建设。其他类型高校的辅导员队伍建设或大学生思想政治教育其他工作队伍建设可参照本规定执行。

第二十五条　各高等学校应根据本规定，结合实际制定相关实施细则，并报相应教育行政部门备案。

第二十六条　本规定自2006年9月1日起施行。其他有关文件规定与本规定不一致的，以本规定为准。

# 高等学校辅导员职业能力标准（暂行）

（2014年3月）

为进一步加强高校辅导员队伍建设，推动高校辅导员队伍专业化、职业化发展，提升大学生思想政治教育工作质量，特制定本标准。

高校辅导员是履行高等学校学生工作职责的专业人员，要经过系统的培养与培训，具有良好的职业道德，掌握系统的专业知识和专业技能。本标准是国家对合格高校辅导员专业素质的基本要求，是高校辅导员开展学生工作的基本规范，是引领高校辅导员专业化职业化发展的基本准则，是高校辅导员培养、准入、培训、考核等工作的基本依据。

制定和实施本标准，一是为了进一步增强辅导员职业的社会认同，建立辅导员职业相对独立的知识和理论体系，确立辅导员职业概念，提升辅导员职业地位和职业公信力，逐步增强广大师生和全社会对辅导员工作的职业认同；二是为了进一步强化辅导员队伍建设的政策导向，为各级部门推进辅导员队伍建设提供基本依据，推动各级部门进一步制定完善辅导员队伍准入、考核、培养、发展、退出机制；三是为了进一步充实丰富辅导员工作的专业内涵，引导辅导员系统学习职业相关理论知识、法律法规、政策制度等，为辅导员主动提升专业素养和职业能力指出路径和方向；四是为了进一步规范辅导员的工作范畴，逐步明晰辅导员的岗位职责和工作边界，增强辅导员的职业自信心和职业归属感。

## 1. 职业概况

### 1.1　职业名称

高等学校辅导员

### 1.2　职业定义

辅导员是高等学校教师队伍和管理队伍的重要组成部分，具有教师和干部的双重身份。辅导员是开展大学生思想政治教育的骨干力量，是高校学生日常思想政治教育和管理工作的组织者、实施者和指导者。辅导员应当努力成为学生的人生导师和健康成长的知心朋友。

1.3 职业等级

本职业共分为三个等级，分别为：初级、中级、高级。

1.4 职业能力特征

政治强、业务精、纪律严、作风正。具备思想政治教育工作相关学科的宽口径知识储备。具备较强的组织管理能力和语言、文字表达能力及教育引导能力、调查研究能力等。

1.5 基本文化程度

大学本科以上学历。

1.6 政治面貌要求

中国共产党党员。

1.7 培训要求

1.7.1 培训期限

根据学校的专业培养目标和教学培训计划，定期参加思想政治教育培训。基本培训期限：入职培训不少于40标准学时(10天)；中级不少于48标准学时(16学时/年，3年12天)；高级不少于128标准学时(16学时/年，8年32天)。

1.7.2 培训师资

培训高校辅导员的教师应具有相关专业副高级以上专业技术职务或副处级以上职级，并具有较高的思想政治教育及相关专业学术水平、理论修养和丰富的实践经验。

1.7.3 培训场地设备

满足教学需要的标准多媒体教室、报告厅和实践场所。

## 2. 基本要求

2.1 职业守则

(1) 爱国守法。热爱祖国，热爱人民，拥护中国共产党的领导，拥护中国特色社会主义制度。遵守宪法和法律法规，贯彻党的教育方针，依法履行教育职责，维护校园和谐稳定。不得有损害党和国家利益以及不利于学生健康成长的言行。

(2) 敬业爱生。热爱党的教育事业，树立崇高职业理想，以献身教育事业、引领学生思想和服务学生成长为己任。真心关爱学生，严格要求学生，公正对待学生。不得损害学生和学校的合法权益。在职责范围内，不得拒绝学生的合理要求。

(3) 育人为本。把握思想政治教育规律和大学生成长规律,引导学生树立正确的世界观、人生观和价值观。增强学生社会责任感、创新精神和实践能力。尊重学生独立人格和个人隐私,保护学生自尊心、自信心和进取心,促进学生全面发展,努力培养社会主义合格建设者和可靠接班人。

(4) 终身学习。坚持终身学习,勇于开拓创新,主动学习思想政治教育理论、方法及相关学科知识,积极开展理论研究和实践探索,参与社会实践和挂职锻炼,不断拓展工作视野,努力提高职业素养和职业能力。

(5) 为人师表。学为人师,行为世范。模范遵守社会公德,引领社会风尚,以高尚品行和人格魅力教育感染学生。不得有损害职业声誉的行为。

2.2 职业知识

2.2.1 基础知识

具备宽广的知识储备,了解马克思主义理论、哲学、政治学、教育学、社会学、心理学、管理学、伦理学、法学等学科的基本原理和基础知识。

2.2.2 专业知识

思想政治教育专业基本理论、基本知识、基本方法:

(1) 思想政治道德观教育。

(2) 思想政治教育学原理。

(3) 思想政治教育史。

(4) 思想政治教育方法论。

(5) 思想政治教育心理学和心理健康教育相关知识与技能。

(6) 比较思想政治教育。

马克思主义中国化相关理论及知识:

(7) 毛泽东思想相关理论。

(8) 中国特色社会主义理论体系。

(9) 社会主义核心价值体系。

(10) 中华人民共和国史。

(11) 中国共产党党史。

大学生思想政治教育工作实务相关知识:

(12) 党的创新理论教育相关知识。

(13) 大学生党团、班级建设的相关知识。

(14) 职业生涯规划与就业指导相关知识。

(15) 困难资助、奖罚管理等学生日常事务管理内容、知识。

(16) 校园文化建设、社会实践等学生日常思想政治教育的知识。

(17) 网络思想政治教育相关知识。

(18) 危机事件、突发事件应对与管控的相关知识。

2.2.3　法律法规知识

《中华人民共和国教育法》《中华人民共和国高等教育法》《中华人民共和国教师法》《中华人民共和国学位条例》《中华人民共和国学位条例暂行实施办法》《中华人民共和国精神卫生法》《中共中央国务院关于进一步加强和改进大学生思想政治教育的意见》《普通高等学校辅导员队伍建设规定》《普通高等学校学生管理规定》《国家教育考试违规处理办法》《学生伤害事故处理办法》等与大学生思想政治教育相关的法律法规条文规定。

### 3. 职业能力标准

本标准对初级、中级、高级辅导员要求依次递进,高级别包括低级别的要求。

3.1　初级

初级辅导员一般工作年限为1～3年,经过规定入职培训并取得相应证书。

| 职业功能 | 工作内容 | 能力要求 | 相关理论和知识要求 |
|---|---|---|---|
| 思想政治教育 | (一) 熟悉学生家庭情况、个人特长等基本信息,掌握学生思想特点、动态及思想政治状况 | 能通过日常观察、谈心谈话、问卷调查等方式,收集学生基本信息,了解学生思想动态;能针对学生关心的热点、焦点问题,及时进行教育和引导 | 思想政治教育的基本理论和方法 |
| | (二) 深入开展中国特色社会主义、中国梦宣传教育和社会主义核心价值观教育,帮助学生树立正确的世界观、人生观、价值观,确立在中国共产党领导下走中国特色社会主义道路、实现中华民族伟大复兴的共同理想和坚定信念 | 能掌握主题教育、个别谈心、党团活动、社会实践活动等思想政治教育的基本方法<br>能针对学生关注的思想理论热点问题做基本解释 | 思想政治教育的基本理论和方法<br>中国特色社会主义理论体系和社会主义核心价值体系基础知识 |

**续表**

| 职业功能 | 工作内容 | 能力要求 | 相关理论和知识要求 |
|---|---|---|---|
| | (三)有针对性地帮助大学生处理好学习成才、择业交友、健康生活等方面的具体问题 | 能结合大学生实际,广泛深入开展谈心活动,引导学生养成良好的心理品质和自尊、自爱、自律、自强的优良品格 | 心理学基础知识<br>伦理学基础知识<br>社会学基础知识 |
| 党团和班级建设 | (一)做好学生骨干的遴选、培养、激励工作 | 能考察学生思想政治素质、道德品质、工作能力、发展潜力等基本素质,能激励学生积极主动参与班团事务 | 人力资源管理相关理论和方法 |
| | (二)做好学生入党积极分子培养教育工作 | 能教育引导学生坚定理想信念,增强党性修养,端正入党动机;能组织学生学习党的理论知识 | 党建基本理论和知识<br>《中国共产党章程》 |
| | (三)做好学生党员发展和教育管理服务工作 | 能从思想政治、能力素质、道德品行、现实表现等方面综合考察学生的先进性和纯洁性;熟悉党员发展的环节和程序;能利用各种教育载体激发党员的学习积极性和主动性 | 《中国共产党发展党员工作细则》<br>《关于进一步加强高校学生党员发展和教育管理服务的若干意见》 |
| | (四)指导学生党支部和班团组织建设 | 能选好配强党支部和班团组织负责人;能积极推动组织生活等工作创新<br>能发挥学生党员的先锋模范作用和党支部的战斗堡垒作用 | |

**续表**

| 职业功能 | 工作内容 | 能力要求 | 相关理论和知识要求 |
|---|---|---|---|
| 学业指导 | (一) 了解学生所学专业的基本情况,组织开展专业教育 | 能初步掌握学生所学专业的培养计划、专业前景等;能增强学生的专业认同和学习热情 | 教育学的基本理论和基础知识 |
| | (二) 培养学生学习兴趣,指导学生养成良好学习习惯,规范学生学习方式行为 | 能及时发现并纠正学生学习中的不良倾向 | 关于学生学位授予的相关规定<br>关于学生考试的相关规定 |
| | (三) 组织开展学风建设,营造浓厚学习氛围 | | |
| 日常事务管理 | (一) 开展新生入学教育 | 能通过主题班会、参观实践、讲座报告、交流讨论等形式开展入学教育,帮助新生熟悉、接纳并适应大学生活 | 《普通高等学校学生管理规定》 |
| | (二) 做好毕业生离校教育、管理和服务工作 | 能通过主题演讲、主题征文、座谈会、毕业纪念册、毕业衫等形式做好毕业生的爱校荣校教育;能为毕业生办理好毕业派遣、户档转出、党组织关系转接等工作 | |
| | (三) 组织好学生军训工作 | 能通过宣讲和谈心等形式做好学生军训动员工作,指导学生积极参与军训 | 军事训练与国防教育的基础知识 |
| | (四) 有效开展助、贷、勤、减、补工作,落实好家庭经济困难学生的资助工作 | 能组织评审各类助学金,指导学生办理助学贷款,组织学生开展勤工俭学活动,为学生办理学费减免和临时困难补助工作 | 国家和学校对家庭经济困难学生的资助政策 |

续表

| 职业功能 | 工作内容 | 能力要求 | 相关理论和知识要求 |
| --- | --- | --- | --- |
| | (五) 做好学生奖励评优和奖学金评审工作 | 能组织学生开展素质综合测评,公开公平地做好奖励评优和奖学金评审工作 | 《普通本科高校、高等职业学校国家奖学金管理暂行办法》<br>《研究生国家奖学金管理暂行办法》 |
| | (六) 为学生的日常事务提供基本咨询,进行生活指导 | 能根据学校相关政策规定及社会、生活常识为学生解答一些日常问题;能指导学生依法维护自身权益 | 学校相关政策规定<br>社会学基础知识<br>经济学基础知识<br>法学基础知识 |
| | (七) 指导学生开展宿舍文化建设,促进学生和谐相处,互帮互助 | 能通过召开宿舍长会议、组织宿舍文化符号比赛等形式活跃宿舍文化<br>能通过团体辅导、个别谈心等形式化解宿舍学生之间的矛盾 | 美学基础知识<br>教育学基础知识<br>心理咨询知识 |
| 心理健康教育与咨询 | (一) 协助学校心理健康教育机构开展心理筛查<br>(二) 对学生进行初步心理问题排查和疏导 | 能协助心理健康教育机构完成心理筛查的组织实施、能了解大学生的心理特点,熟悉大学生常见的发展性心理问题,掌握倾听、共情、尊重等沟通技能,能够与大学生建立积极有效的师生关系,帮助学生调适一般的心理困扰 | 心理咨询的方法、技巧<br>心理异常的判断标准、原则 |

续表

| 职业功能 | 工作内容 | 能力要求 | 相关理论和知识要求 |
|---|---|---|---|
| | (三) 组织开展心理健康教育宣传活动 | 能组织开展形式多样的心理健康教育宣传活动,如举办讲座、设计宣传展板等;能组织学生参加陶冶情操、磨炼意志的课外文体活动,提高学生心理健康水平 | |
| 网络思想政治教育 | (一) 构建网络思想政治教育重要阵地,有效传播先进文化、弘扬主旋律<br>(二) 拓展工作途径,加强与学生的网上互动交流,运用网络平台为学生提供学习、生活、就业心理咨询等服务 | 能及时把握学生对信息技术的应用趋势;能熟悉网络语言特点和规律;能熟练使用博客、微博及微信等新媒体技术 | 《关于进一步加强高等学校校园网络管理工作的意见》<br>《关于进一步加强高等学校网络建设和管理工作的意见》<br>网络技术基础知识<br>传播学基础知识 |
| | (三) 及时了解网络舆情信息,密切关注学生的网络动态,敏锐把握一些苗头性、倾向性、群体性问题 | 能及时研判网络舆情 | |
| 危机事件应对 | (一) 对危机事件作初步处理,努力稳定并控制局面 | 能第一时间赶赴现场;能尽快确认相关人员基本情况;能执行危机事件处理预案,及时稳定相关人员情绪 | 《学生伤害事故处理办法》相关规定<br>危机事件、突发事件应对与管控的相关知识 |
| | (二) 了解事件相关信息并及时逐级上报 | 能通过学生骨干、密切接触人员等渠道快速了解事件相关信息;能对事件性质做出初步判断;能将相关情况及时向上级领导汇报 | 危机事件应对预案相关内容<br>公共危机管理基础知识<br>社会学基础知识 |
| | (三) 组织基本安全教育并建立基层应急队伍 | 掌握基本安全教育方法,能组织开展学生安全教育活动;能培训指导各级学生骨干具备初步应急常识 | |

续表

| 职业功能 | 工作内容 | 能力要求 | 相关理论和知识要求 |
| --- | --- | --- | --- |
| 职业规划与就业指导 | (一) 为学生提供高效优质的就业指导和信息服务 | 能及时全面发布就业信息；能开展通用求职技巧指导、就业政策及流程解读等基本就业指导服务工作 | 国家毕业生就业相关政策<br>现代化技术发布信息的方法 |
| | (二) 帮助学生树立正确的就业观念，引导毕业生到基层、到西部、到祖国最需要的地方建功立业 | 具备基本的职业生涯规划能力，能开展就业观、择业观教育 | 职业类型基础知识<br>职业咨询基础知识 |
| 理论和实践研究 | (一) 攻读并获得思想政治教育、教育学、管理学等相关专业学位；参加校内相关学科领域学术交流活动<br>(二) 参与校内外思想政治教育课题或项目研究 | 能掌握思想政治教育的基本理论观点；能融入学术团队，运用理论分析、调查研究等方法，归纳分析相关问题 | 科学研究基本方法 |

## 3.2　中级

中级辅导员一般工作年限为4~8年，具备一定工作经验，培养了较强研究能力，积累了一定理论和实践成果。中级辅导员职业标准除涵盖初级辅导员的职业标准内容要求外，在各项职业功能上有更高要求。

| 职业功能 | 工作内容 | 能力要求 | 相关理论和知识要求 |
| --- | --- | --- | --- |
| 思想政治教育 | (一) 组织、协调班主任、思想政治理论课教师和组织员等共同做好经常性的思想政治教育工作 | 能与班主任、思想政治理论课教师和组织员等工作骨干做好沟通交流，充分发挥所有从事大学生思想政治教育人员的育人作用 | 心理学 |
| | (二) 参与思想道德修养、形势与政策教育等课程教学 | 能深入了解国情、民情、社情；能根据教学的需要和学生的特点，采取灵活多样的教学方式开展形势与政策教育 | 政治学基础知识<br>课堂教学基本方法与理论 |

续表

| 职业功能 | 工作内容 | 能力要求 | 相关理论和知识要求 |
| --- | --- | --- | --- |
| | (三) 为学生在理想、信念等方面遇到的深层次思想问题提供有针对性的教育咨询 | 能就学生深层次的思想问题进行沟通、挖掘、分析与辅导 | 伦理学相关知识<br>社会学相关知识 |
| 党团和班级建设 | (一) 开展党员教育管理服务工作 | 具备丰富的党建团建工作经验与扎实的理论功底;能指导党支部书记开展党员教育培训,拓展教育途径;能指导党支部书记开展组织生活和组织关系管理;能指导党支部书记关爱帮助学生党员,保障党员民主权利 | 中华人民共和国史<br>中国共产党史<br>党的建设理论<br>大型活动组织管理和大型活动组织的方法与原则<br>课堂教学方法 |
| | (二) 指导学生党支部和班团组织开展主题党、团日等活动 | 能抓住重大节庆日、重要活动、重要节点,指导党团组织开展主题活动<br>能指导学生组织开展丰富多彩的校园文化、艺术、体育等活动 | |
| | (三) 参与学生业余党校、团校建设,讲授党课、团课 | 能组织开展学院级党校、团校的相关工作;能讲授具有一定理论水平、深受学生欢迎的党课、团课 | |
| 学业指导 | (一) 帮助学习困难学生适应大学学习生活,激发学习兴趣,掌握科学的学习方法 | 能通过侧面了解、谈心谈话、组织相关人员集体讨论等方式分析学生遇到的困难和应对措施,指导学生有效调整学习习惯和学习方法 | 教育学相关知识<br>心理学相关知识 |

**续表**

| 职业功能 | 工作内容 | 能力要求 | 相关理论和知识要求 |
| --- | --- | --- | --- |
| | (二) 研究分析学生学习状态和学习成绩变化,并针对性地开展分类指导<br>(三) 指导学生开展课外科技学术实践活动<br>(四) 指导学生考研、出国留学等学习事务 | 能通过召开宣讲会、谈心谈话等方式鼓励学生主动参与课外学术实践活动 | |
| 日常事务管理 | (一) 违法违纪学生的教育处理 | 能准确把握国家有关法律法规和学校规章制度,对学生违法违纪行为进行严肃处理;能采用案例分析、宣传警示等形式对学生进行日常法律意识教育 | 《中华人民共和国刑法》<br>《中华人民共和国治安管理处罚法》<br>《国家教育考试违规处理办法》<br>学校相关规章制度 |
| | (二) 能熟练把握学生情感、人际交往、财经、法律等方面事务科学咨询指导的政策、方法和技巧 | 能运用法律知识、社会学知识和心理学知识指导学生对日常遇到的各种复杂问题进行全面深入的分析,探究解决问题的办法 | 经济学相关知识<br>法学相关知识<br>社会学相关知识 |
| 心理健康教育与咨询 | (一) 心理问题严重程度的识别与严重个案的转介 | 具备三级心理咨询师资质或具有心理健康教育相关专业硕士学位<br>能对一般心理问题、心理障碍和精神疾病进行初步识别,了解转介到心理咨询中心或精神卫生医院的适用条件和相关程序 | 心理问题、神经症、精神病识别知识 |
| | (二) 心理测验的实施 | 能根据工作需要,正确实施各种心理测验量表、问卷,并能在专业人士指导下对结果进行正确解读和反馈 | 各类测验的功能与使用范围,施测手段 |

续表

| 职业功能 | 工作内容 | 能力要求 | 相关理论和知识要求 |
| --- | --- | --- | --- |
| | (三)有效开展学生心理疏导工作 | 能与求助学生建立良好的信任关系,有效开展心理疏导工作,帮助学生调节情绪 | 教育心理学基础知识 |
| | (四)初步开展心理危机的识别与干预 | 能识别大学生心理危机的症状并进行初步评估,能协助专家开展相关的危机干预工作 | |
| | (五)相对系统地组织开展心理健康教育活动 | 能通过培养心理委员、宿舍长、班干部等方法,培养学生自我管理、自我救助和朋辈互助的能力;能有效设计相对系统的院系心理健康教育整体方案,并能指导学生社团开展形式多样的心理健康教育活动 | |
| 网络思想政治教育 | (一)综合利用传统、网络媒体,统筹协调网上、网下工作 | 能准确把握网络传播规律,有效配置整合网络资源 | 社会学的基础知识<br>文化学的基础知识<br>教育学的基础知识 |
| | (二)引导学生在网上自我教育、自我管理和自我服务,教育学生在网上自我约束、自我保护 | 能对学生的网络行为进行教育引导 | |
| | (三)围绕学生关注的重点、热点和难点问题,进行有效舆论引导;丰富网上宣传内容,把握网络舆论的话语权和主导权 | 能通过博客、微博、校园交互社区、网络群组等网络平台主动发布相关内容,吸引学生浏览、点击和评论,引导网络舆情 | 网络舆情引导方法 |

**续表**

| 职业功能 | 工作内容 | 能力要求 | 相关理论和知识要求 |
|---|---|---|---|
| 危机事件应对 | (一)指导初级辅导员对危机事件作初步处理，稳定并控制局面 | 能做好第一时间现场统筹指挥工作；能把握重点人员和关键节点，有效控制事态的发展 | 《学生伤害事故处理办法》相关规定<br>危机事件、突发事件应对与管控的相关知识 |
| | (二)对事件相关信息做好全面汇总和准确分析并及时与有关部门沟通 | 能协调事件涉及相关部门迅速反应，筛选有效信息；能通过沟通和分析把握事件脉络并提出初步处理方案 | 公共危机管理相关知识<br>心理学相关知识<br>教育教学方法相关知识 |
| | (三)对事件发展及其影响进行持续关注与跟踪 | 能密切联系相关人员，跟踪事件的处理效果；通过网络、个别谈话等渠道掌握事件产生的影响；能进行事后集体和个体的心理疏导 | |
| | (四)组织安全教育课程学习 | 能讲授校园安全教育公共选修课 | |
| 职业规划与就业指导 | (一)帮助学生正确分析自己的职业倾向 | 能开展职业能力倾向测试并对结果进行分析、评估 | 职业生涯规划基本理论 |
| | (二)开展职业生涯规划活动，帮助学生树立正确的职业观、择业观、创业观、成才观，尽快适应社会、融入社会 | 能帮助学生认识自身的性格特点和能力，明确职业发展目标，澄清职业取向；能为毕业生提供个性化咨询指导 | 人力资源管理基本理论 |

续表

| 职业功能 | 工作内容 | 能力要求 | 相关理论和知识要求 |
|---|---|---|---|
| 理论和实践研究 | (一) 攻读获得思想政治教育、教育学、管理学等相关专业博士学位;参加国内学术交流活动 | 能开展深入的科学研究;能领导管理科研项目团队;以第一作者身份在相关领域期刊发表3篇学术论文 | 教育研究方法<br>社会学研究方法<br>管理学相关知识 |
| | (二) 主持或参与校级及以上思想政治教育课题或项目研究,形成具有针对性和实效性的研究成果 | | |

3.3 高级

高级辅导员一般工作8年以上,具有丰富的实践经验,较高的理论水平和学术修养,高级辅导员职业标准除涵盖中级辅导员的职业标准内容要求外,在思想政治教育工作某一领域有深入的研究并具备有影响力的成果,成为该领域的专家。

| 职业功能 | 工作内容 | 能力要求 | 相关理论和知识要求 |
|---|---|---|---|
| 思想政治教育 | (一) 主动思考研究,掌握思想政治教育的重点和一般规律,提高学生思想政治教育针对性和实效性 | 能根据党的教育方针和高等教育发展要求,结合学生的阶段特征,按照学校育人工作的总体要求,有计划、有目的地系统实施学生思想政治教育 | 思想政治教育学理论<br>思想政治教育方法论 |
| | (二) 开展工作调查研究,调整工作思路和方法 | 能开展思想政治教育工作理论与方法的调查和研究,分析工作对象和条件的变化,及时调整工作思路和方法 | 开展科学调查研究的方法 |

续表

| 职业功能 | 工作内容 | 能力要求 | 相关理论和知识要求 |
| --- | --- | --- | --- |
| | (三)研究把握思想政治教育规律性、前沿性问题，成为思想政治教育专家*[①] | 对马克思主义理论和思想政治教育有深入的研究，具有相关专业的学位或具有长期的丰富工作经验<br>能运用现代科学技术，并借鉴其他交叉学科的优势，实施思想政治教育工作<br>在具有影响力的学术期刊以第一作者身份发表5篇以上思想政治教育学术论文<br>能够熟练利用理论指导辅导员工作的开展<br>能讲授思想政治教育公共选修课 | 马克思主义理论<br>中国特色社会主义理论体系内涵及宣传教育的方法<br>社会主义核心价值体系内涵及宣传教育方法<br>思想政治道德观相关理论<br>思想政治教育学史<br>比较思想政治教育<br>现代科学技术在思想政治教育中的应用方法 |
| 党团建设 | 深入研究高校党建的规律性前沿性问题，成为党建专家* | 对马克思主义理论、中华人民共和国史、中国共产党史、中国特色社会主义理论、党建创新理论有深入的研究<br>在具有影响力的学术期刊以第一作者身份发表5篇以上党建工作学术论文<br>能够熟练利用理论指导初级、中级辅导员开展党建工作 | 马克思主义理论<br>中华人民共和国史<br>中国共产党史<br>中国特色社会主义理论体系内涵及宣传教育的方法<br>社会主义核心价值体系内涵及宣传教育方法<br>党建学相关理论<br>政治学相关理论 |

① 标*项为专家职能，高级辅导员需至少符合一项标*项。

续表

| 职业功能 | 工作内容 | 能力要求 | 相关理论和知识要求 |
| --- | --- | --- | --- |
| 学业指导 | (一)组织学生参与专业课教师的实验或研究项目，培养学生学术爱好和研究能力 | 能深入了解学生所在专业知识，为学生提供有针对性的专业学习建议 | 心理学相关知识<br>教育学相关知识<br>学生所在专业相关知识 |
| | (二)深入研究学生学习能力、创新能力形成规律，培养学生创新思维和创造性人格 | 能应用心理学、教育学相关原理和知识指导学生学习研究 | |
| | (三)研究完善学生综合评价体系，研究健全创新人才培养机制 | 能因材施教，培养研究型、创新型人才<br>能够指导和组织初级、中级辅导员开展学业指导工作 | |
| 日常事务管理 | 积极创新学生事务管理的理念和方法，总结凝练工作经验，深入研究把握学生事务管理的规律，成为学生事务管理专家* | 具有长期丰富的事务管理工作经验<br>能合理运用教育学、管理学、法学相关知识，对学生事务管理工作进行服务育人体系化设计<br>能够熟练利用理论指导辅导员开展学生事务管理工作<br>在具有影响力的学术期刊以第一作者身份发表5篇以上学生事务管理学术论文 | 教育学相关知识<br>管理学相关知识<br>法学相关知识<br>学生事务管理相关规定和程序 |
| 心理健康教育与咨询 | 总结凝练实践工作经验，深入研究把握心理健康教育的规律，成为心理健康教育专家* | 具备二级心理咨询师资质<br>能进行危机评估、实施干预、妥善预后及跟踪回访<br>能够为学生提供心理咨询服务<br>在具有影响力的学术期刊以第一作者身份发表5篇以上心理健康教育相关领域学术论文 | 心理学相关理论<br>应用心理学相关理论<br>思想政治教育心理学相关理论 |

**续表**

| 职业功能 | 工作内容 | 能力要求 | 相关理论和知识要求 |
|---|---|---|---|
| | | 能够熟练利用理论和实际经验指导辅导员开展心理健康教育工作<br>能够为高校辅导员提供有效的心理健康教育培训<br>能讲授心理健康教育公共选修课 | |
| 网络思想政治教育 | 熟练应用现代信息技术，结合丰富的网络思想政治教育工作经验，深入研究把握网络传播的规律、研判网上学生思想动态，成为网络思想政治教育专家* | 能结合工作经验、运用科学的研究方法对网络思想政治教育开展深入的研究<br>能在具有影响力的学术期刊以第一作者身份发表5篇以上网络思想政治教育学术论文<br>能够熟练运用理论指导辅导员开展网络思想政治教育工作 | 马克思主义理论<br>中国特色社会主义理论体系内涵及宣传教育的方法<br>社会主义核心价值体系内涵及宣传教育方法<br>网络思想政治教育原理与方法<br>现代科学技术在思想政治教育中的应用方法 |
| 危机事件应对 | (一) 对危机事件进行分类分级，并做出预判 | 能根据掌握的信息对危机事件进行分类分级；能准确分析事态起因，牢牢把握发展趋势 | 危机事件应对与管控的相关知识<br>公共危机管理相关理论 |
| | (二) 协调相关部门妥善处理危机事件，稳定工作局面 | 能摸清事态的症结，协调校内外相关部门制定对策并迅速妥善处理，恢复正常 | 管理学相关理论<br>社会学相关理论<br>心理学相关理论<br>伦理学相关理论 |
| | (三) 总结经验，对工作进行改进，完善预警和应对机制 | 能掌握整个事件的过程，深层次研究事件原因，改进工作，提出对策 | |
| | (四) 总结凝练实践工作经验，深入研究把握危机事件应对的规律，成为校园公共危机管理专家* | 在具有影响力的学术期刊以第一作者身份发表5篇以上公共危机处理相关领域学术论文；能熟练利用相关理论指导辅导员进行公共危机处理 | |

续表

| 职业功能 | 工作内容 | 能力要求 | 相关理论和知识要求 |
|---|---|---|---|
| 职业规划与就业指导 | 总结凝练实际工作经验，深入研究把握职业生涯规划与就业指导工作的规律，能为学生开展基本的创业指导，成为职业规划与就业指导专家* | 具备职业指导师资质<br>能为大学生开展团体职业咨询<br>能撰写职业指导典型案例，开展职业指导应用性研究，并将研究结果应用到实际工作中<br>能进行较为客观全面的创业环境、政策、行业前景分析<br>能建立健全大学生就业指导机构和就业信息服务系统，提供更高效优质的就业创业服务<br>在具有影响力的学术期刊以第一作者身份发表5篇以上职业规划与就业指导相关领域学术论文<br>能够熟练利用理论指导辅导员开展职业规划与就业指导工作<br>能讲授职业规划与就业指导公共选修课 | 职业生涯规划相关理论<br>人力资源管理相关理论<br>职业咨询相关理论<br>职业素质测评相关理论<br>国家鼓励创业基本政策 |
| 理论与实践研究 | (一) 参加国际交流、考察和进修深造<br><br>(二) 主持省部级以上思想政治教育课题或项目研究；形成具有影响力和推广价值的研究成果 | 能深入把握国内外学生事务工作前沿进展<br><br>以第一作者身份在相关领域核心期刊发表10篇以上学术论文；能推动研究成果的转化应用；对中级辅导员的研究进行指导 | 教育研究方法<br>社会学研究方法<br>管理学相关知识 |

## 关于加强和改进新形势下高校思想政治工作的意见

（2017年2月）

中共中央、国务院印发了《关于加强和改进新形势下高校思想政治工作的意见》（以下简称《意见》）。

《意见》强调指出，高校肩负着人才培养、科学研究、社会服务、文化传承创新、国际交流合作的重要使命。加强和改进高校思想政治工作，事关办什么样的大学、怎样办大学的根本问题，事关党对高校的领导，事关中国特色社会主义事业后继有人，是一项重大的政治任务和战略工程。

《意见》分为七个部分：一、重要意义和总体要求；二、强化思想理论教育和价值引领；三、发挥哲学社会科学育人功能；四、加强对课堂教学和各类思想文化阵地的建设管理；五、加强教师队伍和专门力量建设；六、推进高校思想政治工作改革创新；七、加强和改善党对高校的领导。

《意见》指出，我们党历来高度重视高校思想政治工作，探索形成了一系列基本方针原则和工作遵循。党的十八大以来，以习近平同志为核心的党中央把高校思想政治工作摆在突出位置，作出一系列重大决策部署，各地区各有关部门各高校采取有力有效措施，积极主动开展工作，创造了许多成功做法，积累了许多宝贵经验。大学生思想政治教育成效显著，教师思想政治素质明显提高，各类思想文化阵地建设和管理不断加强，中国特色社会主义理论体系进教材、进课堂、进头脑工作扎实有效，社会主义核心价值观建设持续推进，高校意识形态领域主流积极健康向上，广大师生对以习近平同志为核心的党中央拥护信任，对党中央治国理政新理念新思想新战略高度认同，对中国特色社会主义和中华民族伟大复兴中国梦充满信心。总体上看，高校思想政治工作持续加强和改进，呈现出良好发展态势，为保证高等教育改革发展、服务党和国家工作大局作出了重要贡献。

《意见》指出，加强和改进高校思想政治工作的指导思想是：高举中国特色社会主义伟大旗帜，全面贯彻党的十八大和十八届三中、四中、五中、六中全会精神，以马克思列宁主义、毛泽东思想、邓小平理论、“三个代表”重要思想、科学发展观为指导，深入学习贯彻习近平总书记系列重要讲话精神和治国理政新理念新思想新战略，全面贯彻党的教育方针，坚持社会主义办学方向，扎根中国大地办大学，以立德树人为根本，以理想信念教育为核心，以社会主义核心价值观为引领，切实抓好各方面基础性建设和基础性工作，切实加强和改善党的领导，全面提升思想政治工作水平，紧密团结在以习近平同志为核心的党中央周围，牢固树立政治意识、大局意识、核心意识、看齐意识，坚定不移维护党中央权威和党中央集中统一领导，为实现“两个一百年”奋斗目标、实现中华民族伟大复兴的中国梦，培养又红又专、德才兼备、全面发展的中国特色社会主义合格建设者和可靠接班人。

《意见》指出，加强和改进高校思想政治工作的基本原则是：(1) 坚持党对高校的领导。落实全面从严治党要求，把党的建设贯穿始终，着力解决突出问题，维护党中央权威、保证党的团结统一，牢牢掌握党对高校的领导权。(2) 坚持社会主义办学方向。坚持马克思主义指导地位，坚持以人民为中心的发展思想，更好为改革开放和社会主义现代化建设服务、为人民服务。(3) 坚持全员全过程全方位育人。把思想价值引领贯穿教育教学全过程和各环节，形成教书育人、科研育人、实践育人、管理育人、服务育人、文化育人、组织育人长效机制。(4) 坚持遵循教育规律、思想政治工作规律、学生成长规律。把握师生思想特点和发展需求，注重理论教育和实践活动相结合、普遍要求和分类指导相结合，提高工作科学化精细化水平。(5) 坚持改革创新。推进理念思路、内容形式、方法手段创新，增强工作时代感和实效性。

《意见》指出，要强化思想理论教育和价值引领。把理想信念教育放在首位，切实抓好马克思列宁主义、毛泽东思想学习教育，广泛开展中国特色社会主义理论体系学习教育，深入学习习近平总书记系列重要讲话精神，引导师生深刻领会党中央治国理政新理念新思想新战略，坚定中国特色社会主义道路自信、理论自信、制度自信、文化自信。要培育和践行社会主义核心价值观，把社会主义核心价值观体现到教书育人全过程，引导师生树立正确的世界观、人生观、价值观，加强国家意识、法治意识、社会责任意识教育，加强民族团结进步教育、国家安全教育、科学精神教育，以诚信建设为重点，加强社会公德、职业道德、家庭美德、个人品德教育，提升师生道德素养。要弘扬中华优秀传统文化和革命文化、社会主义先进文化，实施中华文化传承工程，推动中华优秀传统文化融入教育教学，加强革命文化和社会主义先进文化教育，深化中国共产党史、中华人民共和国史、改革开放史和社会主义发展史学习教育，利用我国改革发展的伟大成就、重大历史事件纪念活动、爱国主义教育基地、国家公祭仪式等组织开展主题教育，弘扬以爱国主义为核心的民族精神和以改革创新为核心的时代精神。要进一步办好高校思想政治理论课，充分发挥思想政治理论课的主渠道作用，深入实施高校思想政治理论课建设体系创新计划，完善教材体系，提高教师素质，创新教学方法，增强教学的吸引力、说服力、感染力。要加强高校马克思主义学院建设，打造马克思主义理论教学、研究、宣传和人才培养的坚强阵地，支持有条件的高校设置马克思主义理论专业，深入实施马克思主义理论研究和建设工程。

《意见》指出，要发挥哲学社会科学育人功能。强调要加强哲学社会科学学科体系建设，积极构建中国特色、中国风格、中国气派的哲学社会科学学科体系，强化马克思主义理论学科的引领作用，支持有条件的高校在马克思主义理论一级学科下设置党的建设二级学科，实施高校马克思主义理论人才支持培养计划，积极推进学术话语体系创新，加快完善具有中国特色和国际视野的哲学、历史学、经济学、政治学、法学、社会学、民族学、新闻学、人口学、宗教学、心理学等学科，努力建设一批中国特色、世界一流的哲学社会科学学科。加快建设一批哲学社会科学专业核心课程教材。要规范哲学社会科学教材选用，建立国家优秀教材评选奖励制度，完善学术评价体系和评价标准，建立科学权威、公开透明的哲学社会科学成果评价体系，健全优秀成果评选推广机制，提高高校学术委员会建设水平。

《意见》指出，要加强对课堂教学和各类思想文化阵地的建设管理。充分发掘和运用各学科蕴含的思想政治教育资源，健全高校课堂教学管理办法。要加强对校园各类思想文化阵地的规范管理，加强校园网络安全管理，营造风清气正的网络环境。

《意见》指出，要加强教师队伍和专门力量建设。强调要提升教师思想政治素质，加强思想政治工作，建立中青年教师社会实践和校外挂职制度，加强师德师风建设，增强教师教书育人的责任担当。要完善教师评聘和考核机制，增加课堂教学权重，引导教师将更多精力投入到课堂教学上，完善教师职业道德规范，实施师德"一票否决"。高校思想政治工作队伍和党务工作队伍具有教师和管理人员双重身份，要纳入高校人才队伍建设总体规划，形成一支专职为主、专兼结合、数量充足、素质优良的工作力量。

《意见》指出，要推进高校思想政治工作改革创新。强调要贴近师生思想实际，以改革创新精神做好高校思想政治工作，建立健全校领导、院(系)领导联系师生、谈心谈话制度，在平等沟通、民主讨论、互动交流中进行思想引导，有的放矢、生动活泼地开展工作，发挥师德楷模、名师大家、学术带头人等的示范引领作用。要加强互联网思想政治工作载体建设，加强学生互动社区、主题教育网站、专业学术网站和"两微一端"建设，运用大学生喜欢的表达方式开展思想政治教育。要强化社会实践育人，提高实践教学比重，组织师生参加社会实践活动，完善科教融合、校企联合等协同育人模式，加强实践教学基地建设，建立健全国家机关、企事业单位、社会团体接收大学生实习实训制度，开设创新创业教育专门课程，增强军事训练实效，建立健全学雷锋志愿服务制度。要在服务引导中加强思想教育，把解决思想问题与解决实际问题结合起来，做到既讲道理又办实事，加强学生学业就业指导，帮助大学生顺利完成学业，加强人文关怀和心理疏导，促进大学生身心和人格健康发展，加强对家庭经济困难学生的资助工作，积极帮助解决教师的合理诉求。积极发挥共青团、学生会组织和学生社团作用。要健全高校思想政治工作评价体系，研究制定内容全面、指标合理、方法科学的评价体系，推动高校思想政治工作制度化。

《意见》最后强调，要加强和改善党对高校的领导。要完善高校党的领导体制，坚持和完善普通高校党委领导下的校长负责制，高校党委对本校工作实行全面领导，履行管党治党、办学治校的主体责任，切实发挥领导核心作用。按照社会主义政治家、教育家标准，选好配强高校领导班子特别是党委书记和校长。高校党委书记主持党委全面工作，履行高校思想政治工作和党的建设第一责任人的职责。校长是学校的法人代表，在党委领导下组织实施党委有关决议，行使高等教育法等规定的各项职权。其他党委班子成员履行"一岗双责"，结合业务分工抓好思想政治工作和党的建设工作。要强化院(系)党的领导，发挥院(系)党委(党总支)的政治核心作用，履行政治责任，保证监督党的路线方针政策及上级党组织决定的贯彻执行。认真执行民主集中制原则，通过院(系)党政联席会议讨论和决定本单位重要事项，健全院(系)集体领导、党政分工合作、协调运行的工作机制，提升班子整体功能和议事决策水平。要加强高校基层党建工作，建立健全高校基层党组织，加强教师党支部、学生党支部特别是研究生党支部建设，充分发挥党支部战斗堡垒作用。坚持党的组织生活各项制度，组织党员深入开展"两学一做"学习教育，认真做好在高校优秀青年教师、高校学生中发展党员工作，加强党员日常管理监督。要健全地方党委抓高校思想政治工作制度，切实加强组织领导和工作指导，坚持和完善党委定期研究、领导干部联系高校等制度，建立部门协作常态机制，形成党委统一领导、党政齐抓共管、职能部门组织协调、社会各方积极参与的工作格局。高度重视民办高校、中外合作办学中党的建设和思想政治工作，探索党组织发挥政治核心作用的有效途径，完善政策保障和经费支持，为加强和改进高校思想政治工作创造良好条件。

## 普通高等学校辅导员队伍建设规定

(2017年9月)

### 第一章　总　则

第一条　为深入贯彻落实全国高校思想政治工作会议精神和《中共中央国务院关于加强和改进新形势下高校思想政治工作的意见》，切实加强高等学校辅导员队伍专业化职业化建设，依据《高等教育法》等有关法律法规，制定本规定。

第二条　辅导员是开展大学生思想政治教育的骨干力量，是高等学校学生日常思想政治教育和管理工作的组织者、实施者、指导者。辅导员应当努力成为学生成长成才的人生导师和健康生活的知心朋友。

第三条　高等学校要坚持把立德树人作为中心环节，把辅导员队伍建设作为教师队伍和管理队伍建设的重要内容，整体规划、统筹安排，不断提高队伍的专业水平和职业能力，保证辅导员工作有条件、干事有平台、待遇有保障、发展有空间。

## 第二章　要求与职责

第四条　辅导员工作的要求是：恪守爱国守法、敬业爱生、育人为本、终身学习、为人师表的职业守则；围绕学生、关照学生、服务学生，把握学生成长规律，不断提高学生思想水平、政治觉悟、道德品质、文化素养；引导学生正确认识世界和中国发展大势、正确认识中国特色和国际比较、正确认识时代责任和历史使命、正确认识远大抱负和脚踏实地，成为又红又专、德才兼备、全面发展的中国特色社会主义合格建设者和可靠接班人。

第五条　辅导员的主要工作职责是：

（一）思想理论教育和价值引领。引导学生深入学习习近平总书记系列重要讲话精神和治国理政新理念新思想新战略，深入开展中国特色社会主义、中国梦宣传教育和社会主义核心价值观教育，帮助学生不断坚定中国特色社会主义道路自信、理论自信、制度自信、文化自信，牢固树立正确的世界观、人生观、价值观。掌握学生思想行为特点及思想政治状况，有针对性地帮助学生处理好思想认识、价值取向、学习生活、择业交友等方面的具体问题。

（二）党团和班级建设。开展学生骨干的遴选、培养、激励工作，开展学生入党积极分子培养教育工作，开展学生党员发展和教育管理服务工作，指导学生党支部和班团组织建设。

（三）学风建设。熟悉了解学生所学专业的基本情况，激发学生学习兴趣，引导学生养成良好的学习习惯，掌握正确的学习方法。指导学生开展课外科技学术实践活动，营造浓厚学习氛围。

（四）学生日常事务管理。开展入学教育、毕业生教育及相关管理和服务工作。组织开展学生军事训练。组织评选各类奖学金、助学金。指导学生办理助学贷款。组织学生开展勤工俭学活动，做好学生困难帮扶。为学生提供生活指导，促进学生和谐相处、互帮互助。

（五）心理健康教育与咨询工作。协助学校心理健康教育机构开展心理健康教育，对学生心理问题进行初步排查和疏导，组织开展心理健康知识普及宣传活动,培育学生理性平和、乐观向上的健康心态。

(六) 网络思想政治教育。运用新媒体新技术,推动思想政治工作传统优势与信息技术高度融合。构建网络思想政治教育重要阵地,积极传播先进文化。加强学生网络素养教育,积极培养校园好网民,引导学生创作网络文化作品,弘扬主旋律,传播正能量。创新工作路径,加强与学生的网上互动交流,运用网络新媒体对学生开展思想引领、学习指导、生活辅导、心理咨询等。

(七) 校园危机事件应对。组织开展基本安全教育。参与学校、院(系)危机事件工作预案制定和执行。对校园危机事件进行初步处理,稳定局面控制事态发展,及时掌握危机事件信息并按程序上报。参与危机事件后期应对及总结研究分析。

(八) 职业规划与就业创业指导。为学生提供科学的职业生涯规划和就业指导以及相关服务,帮助学生树立正确的就业观念,引导学生到基层、到西部、到祖国最需要的地方建功立业。

(九) 理论和实践研究。努力学习思想政治教育的基本理论和相关学科知识,参加相关学科领域学术交流活动,参与校内外思想政治教育课题或项目研究。

## 第三章 配备与选聘

第六条 高等学校应当按总体上师生比不低于1:200的比例设置专职辅导员岗位,按照专兼结合、以专为主的原则,足额配备到位。

专职辅导员是指在院(系)专职从事大学生日常思想政治教育工作的人员,包括院(系)党委(党总支)副书记、学工组长、团委(团总支)书记等专职工作人员,具有教师和管理人员双重身份。高等学校应参照专任教师聘任的待遇和保障,与专职辅导员建立人事聘用关系。

高等学校可以从优秀专任教师、管理人员、研究生中选聘一定数量兼职辅导员。兼职辅导员工作量按专职辅导员工作量的三分之一核定。

第七条 辅导员应当符合以下基本条件:

(一) 具有较高的政治素质和坚定的理想信念,坚决贯彻执行党的基本路线和各项方针政策,有较强的政治敏感性和政治辨别力;

(二) 具备本科以上学历,热爱大学生思想政治教育事业,甘于奉献,潜心育人,具有强烈的事业心和责任感;

(三) 具有从事思想政治教育工作相关学科的宽口径知识储备,掌握思想政治教育工作相关学科的基本原理和基础知识,掌握思想政治教育专业基本理论、知识和方法,掌握马克思主义中国化相关理论和知识,掌握大学生思想政治教育

工作实务相关知识,掌握有关法律法规知识;

(四)具备较强的组织管理能力和语言、文字表达能力,及教育引导能力、调查研究能力,具备开展思想理论教育和价值引领工作的能力;

(五)具有较强的纪律观念和规矩意识,遵纪守法,为人正直,作风正派,廉洁自律。

第八条　辅导员选聘工作要在高等学校党委统一领导下进行,由学生工作部门、组织、人事、纪检等相关部门共同组织开展。根据辅导员基本条件要求和实际岗位需要,确定具体选拔条件,通过组织推荐和公开招聘相结合的方式,经过笔试、面试、公示等相关程序进行选拔。

第九条　青年教师晋升高一级专业技术职务(职称),须有至少一年担任辅导员或班主任工作经历并考核合格。高等学校要鼓励新入职教师以多种形式参与辅导员或班主任工作。

## 第四章　发展与培训

第十条　高等学校应当制定专门办法和激励保障机制,落实专职辅导员职务职级“双线”晋升要求,推动辅导员队伍专业化职业化建设。

第十一条　高等学校应当结合实际,按专任教师职务岗位结构比例合理设置专职辅导员的相应教师职务岗位,专职辅导员可按教师职务(职称)要求评聘思想政治教育学科或其他相关学科的专业技术职务(职称)。

专职辅导员专业技术职务(职称)评聘应更加注重考察工作业绩和育人实效,单列计划、单设标准、单独评审。将优秀网络文化成果纳入专职辅导员的科研成果统计、职务(职称)评聘范围。

第十二条　高等学校可以成立专职辅导员专业技术职务(职称)聘任委员会,具体负责本校专职辅导员专业技术职务(职称)聘任工作。聘任委员会一般应由学校党委有关负责人、学生工作、组织人事、教学科研部门负责人、相关学科专家等人员组成。

第十三条　高等学校应当制定辅导员管理岗位聘任办法,根据辅导员的任职年限及实际工作表现,确定相应级别的管理岗位等级。

第十四条　辅导员培训应当纳入高等学校师资队伍和干部队伍培训整体规划。

建立国家、省级和高等学校三级辅导员培训体系。教育部设立高等学校辅导员培训和研修基地,开展国家级示范培训。省级教育部门应当根据区域内现有高等学校辅导员规模数量设立辅导员培训专项经费,建立辅导员培训和研修基地,承担所在区域内高等学校辅导员的岗前培训、日常培训和骨干培训。高等学校负责对本校辅导员的系统培训，确保每名专职辅导员每年参加不少于16个学时的校级培训，每5年参加1次国家级或省级培训。

第十五条 省级教育部门、高等学校要积极选拔优秀辅导员参加国内国际交流学习和研修深造，创造条件支持辅导员到地方党政机关、企业、基层等挂职锻炼，支持辅导员结合大学生思想政治教育的工作实践和思想政治教育学科的发展开展研究。高等学校要鼓励辅导员在做好工作的基础上攻读相关专业学位，承担思想政治理论课等相关课程的教学工作，为辅导员提升专业水平和科研能力提供条件保障。

第十六条 高等学校要积极为辅导员的工作和生活创造便利条件，应根据辅导员的工作特点，在岗位津贴、办公条件、通讯经费等方面制定相关政策，为辅导员的工作和生活提供必要保障。

## 第五章 管理与考核

第十七条 高等学校辅导员实行学校和院(系)双重管理。

学生工作部门牵头负责辅导员的培养、培训和考核等工作，同时要与院(系)党委(党总支)共同做好辅导员日常管理工作。院(系)党委(党总支)负责对辅导员进行直接领导和管理。

第十八条 高等学校要根据辅导员职业能力标准，制定辅导员工作考核的具体办法，健全辅导员队伍的考核评价体系。对辅导员的考核评价应由学生工作部门牵头，组织人事部门、院(系)党委(党总支)和学生共同参与。考核结果与辅导员的职务聘任、奖惩、晋级等挂钩。

第十九条 教育部在全国教育系统先进集体和先进个人表彰中对高校优秀辅导员进行表彰。各地教育部门和高等学校要结合实际情况建立辅导员单独表彰体系并将优秀辅导员表彰奖励纳入各级教师、教育工作者表彰奖励体系中。

## 第六章 附 则

第二十条 本规定适用于普通高等学校辅导员队伍建设。其他类型高等学校的辅导员队伍建设或思想政治工作其他队伍建设可以参照本规定执行。

第二十一条 高等学校要根据本规定，结合实际制定相关实施细则，并报主管教育部门备案。

第二十二条 本规定自2017年10月1日起施行。原《普通高等学校辅导员队伍建设规定》同时废止。

# 高校思想政治工作质量提升工程实施纲要

（2017年12月）

为认真学习贯彻党的十九大精神，进一步把贯彻落实全国高校思想政治工作会议和《中共中央 国务院关于加强和改进新形势下高校思想政治工作的意见》精神引向深入，大力提升高校思想政治工作质量，特制定《高校思想政治工作质量提升工程实施纲要》（以下简称《实施纲要》）。

## 一、目标原则

1. 总体目标。坚持以习近平新时代中国特色社会主义思想为指导，紧紧围绕统筹推进“五位一体”总体布局和协调推进“四个全面”战略布局，坚持和加强党的全面领导，充分发挥中国特色社会主义教育的育人优势，以立德树人为根本，以理想信念教育为核心，以社会主义核心价值观为引领，以全面提高人才培养能力为关键，强化基础、突出重点、建立规范、落实责任，一体化构建内容完善、标准健全、运行科学、保障有力、成效显著的高校思想政治工作质量体系，形成全员全过程全方位育人格局，切实提高工作亲和力和针对性，着力培养德智体美全面发展的社会主义建设者和接班人，着力培养担当民族复兴大任的时代新人，不断开创新时代高校思想政治工作新局面。

2. 基本原则。(1) 坚持育人导向，突出价值引领。全面统筹办学治校各领域、教育教学各环节、人才培养各方面的育人资源和育人力量，推动知识传授、能力培养与理想信念、价值理念、道德观念的教育有机结合，建立健全系统化育人长效机制。(2) 坚持遵循规律，勇于改革创新。遵循思想政治工作规律、教书育人规律和学生成长规律，坚持以师生为中心，把握师生思想特点和发展需求，优化内容供给、改进工作方法、创新工作载体，激活高校思想政治工作内生动力。(3) 坚持问题导向，注重精准施策。聚焦重点任务、重点群体、重点领域、重点区域、薄弱环节，强化优势、补齐短板，加强分类指导、着力因材施教，着力破解高校思想政治工作领域存在的不平衡不充分问题，不断提高师生的获得感。(4) 坚持协同联动，强化责任落实。加强党对高校思想政治工作的领导，落实主体责任，建立党委统一领导、部门分工负责、全员协同参与的责任体系。加强督导考核，严肃追责问责，把“软指标”变成“硬约束”。

## 二、基本任务

充分发挥课程、科研、实践、文化、网络、心理、管理、服务、资助、组织等方面工作的育人功能，挖掘育人要素，完善育人机制，优化评价激励，强化实施保障，切实构建“十大”育人体系。

1. 课程育人质量提升体系。大力推动以“课程思政”为目标的课堂教学改革，优化课程设置，修订专业教材，完善教学设计，加强教学管理，梳理各门专业课程所蕴含的思想政治教育元素和所承载的思想政治教育功能，融入课堂教学各环节，实现思想政治教育与知识体系教育的有机统一。

2. 科研育人质量提升体系。发挥科研育人功能，优化科研环节和程序，完善科研评价标准，改进学术评价方法，促进成果转化应用，引导师生树立正确的政治方向、价值取向、学术导向，培养师生至诚报国的理想追求、敢为人先的科学精神、开拓创新的进取意识和严谨求实的科研作风。

3. 实践育人质量提升体系。坚持理论教育与实践养成相结合，整合各类实践资源，强化项目管理，丰富实践内容，创新实践形式，拓展实践平台，完善支持机制，教育引导师生在亲身参与中增强实践能力、树立家国情怀。

4. 文化育人质量提升体系。注重以文化人以文育人，深入开展中华优秀传统文化、革命文化、社会主义先进文化教育，推动中国特色社会主义文化繁荣兴盛，牢牢掌握高校意识形态工作领导权，践行和弘扬社会主义核心价值观，优化校风学风，繁荣校园文化，培育大学精神，建设优美环境，滋养师生心灵、涵育师生品行、引领社会风尚。

5. 网络育人质量提升体系。大力推进网络教育，加强校园网络文化建设与管理，拓展网络平台，丰富网络内容，建强网络队伍，净化网络空间，优化成果评价，推动思想政治工作传统优势同信息技术高度融合，引导师生强化网络意识，树立网络思维，提升网络文明素养，创作网络文化产品，传播主旋律、弘扬正能量，守护好网络精神家园。

6. 心理育人质量提升体系。坚持育心与育德相结合，加强人文关怀和心理疏导，深入构建教育教学、实践活动、咨询服务、预防干预、平台保障“五位一体”的心理健康教育工作格局，着力培育师生理性平和、积极向上的健康心态，促进师生心理健康素质与思想道德素质、科学文化素质协调发展。

7. 管理育人质量提升体系。把规范管理的严格要求和春风化雨、润物无声的教育方式结合起来，加强教育立法，遵守大学章程，完善校规校纪，健全自律公约，加强法治教育，全面推进依法治教，促进教育治理能力和治理体系现代化，强化科学管理对道德涵育的保障功能，大力营造治理有方、管理到位、风清气正的育人环境。

8. 服务育人质量提升体系。把解决实际问题与解决思想问题结合起来，围绕师生、关照师生、服务师生，把握师生成长发展需要，提供靶向服务，增强供给能力，积极帮助解决师生工作学习中的合理诉求，在关心人、帮助人、服务人中教育人、引导人。

9. 资助育人质量提升体系。把“扶困”与“扶智”，“扶困”与“扶志”结合起来，建立国家资助、学校奖助、社会捐助、学生自助“四位一体”的发展型资助体系，构建物质帮助、道德浸润、能力拓展、精神激励有效融合的资助育人长效机制，实现无偿资助与有偿资助、显性资助与隐性资助的有机融合，形成“解困—育人—成才—回馈”的良性循环，着力培养受助学生自立自强、诚实守信、知恩感恩、勇于担当的良好品质。

10. 组织育人质量提升体系。把组织建设与教育引领结合起来，强化高校各类组织的育人职责，增强工作活力、促进工作创新、扩大工作覆盖、提高辐射能力，发挥高校党委领导核心作用、院（系）党组织政治核心作用和基层党支部战斗堡垒作用，发挥工会、共青团、学生会、学生社团等组织的联系服务、团结凝聚师生的桥梁纽带作用，把思想政治教育贯穿各项工作和活动，促进师生全面发展。

## 三、主要内容

1. 统筹推进课程育人。深入推动习近平新时代中国特色社会主义思想进教材、进课堂、进头脑。完善课程设置管理、课程标准和教案评价制度，实施高校课程体系和教育教学创新计划，推动面向全体学生开设提高思想品德、人文素养、认知能力的哲学社会科学课程，创新高校思想政治理论课建设体系。修订各类专业教材，加强课堂教学设计，推进马克思主义理论研究和建设工程教材、思想政治理论课统编教材编写修订，研制课程育人指导意见，充分挖掘和运用各门课程蕴含的思想政治教育元素，作为教材讲义必要章节、课堂讲授重要内容和学生考核关键知识。发挥专业教师课程育人的主体作用，健全课程育人管理、运行体制，将课程育人作为教师思想政治工作的重要环节，作为教学督导和教师绩效考核的重要方面。加强教材使用和课堂教学管理，建立哲学社会科学专业核心课程教材目录，研制引进教材选用管理办法，建立国家优秀教材评选奖励制度，制定高校课堂教学管理指导意见，明确课堂教学的纪律要求。培育选树一批“学科育人示范课程”，建立一批“课程思政研究中心”。

2. 着力加强科研育人。改进科研环节和程序，把思想价值引领贯穿选题设计、科研立项、项目研究、成果运用全过程，把思想政治表现作为组建科研团队的底线要求。完善科研评价标准，改进学术评价方法，健全具有中国特色的学术评价标准和科研成果评价办法，构建集教育、预防、监督、惩治于一体的学术诚信体系，治理遏制学术研究、科研成果不良倾向，组织编写师生学术规范与学术道德读本，在本科生中开设相关专题讲座，在研究生中开设相应公选课程。健全优秀成果评选推广机制，服务国家和区域经济发展，促进全社会思想文化建设。培养师生科学精神和创新意识，实施科研创新团队培育支持计划、科教协同育人计划、产学研合作协同育人计划等项目，引导师生积极参与科技创新团队和科研创新训练，及时掌握科技前沿动态，培养集体攻关、联合攻坚的团队精神和协作意识。加大学术名家、优秀学术团队先进事迹的宣传教育力度。大力培育全国高校黄大年式教师团队，培养选树一批科研育人示范项目、示范团队。

3. 扎实推动实践育人。整合实践资源，拓展实践平台，依托高新技术开发区、大学科技园、城市社区、农村乡镇、工矿企业、爱国主义教育场所等，建立多种形式的社会实践、创业实习基地。丰富实践内容，创新实践形式，广泛开展社会调查、生产劳动、社会公益、志愿服务、科技发明、勤工助学等社会实践活动，深入开展好大学生暑期"三下乡""志愿服务西部计划"等传统经典项目，组织实施好"牢记时代使命，书写人生华章""百万师生追寻习近平总书记成长足迹""百万师生重走复兴之路""百万师生'一带一路'社会实践专项行动"等新时代社会实践精品项目，探索开展师生志愿服务评价认证。深入推进实践教学改革，分类制订实践教学标准，适度增加实践教学比重，原则上哲学社会科学类专业实践教学不少于总学分(学时)的15%，理工农医类专业不少于25%。加强创新创业教育，开发专门课程，健全课程体系，实施"大学生创新创业训练计划"，支持学生成立创新创业类社团。完善支持机制，推动专业课实践教学、社会实践活动、创新创业教育、志愿服务、军事训练等载体有机融合，形成实践育人统筹推进工作格局，构建"党委统筹部署、政府扎实推动、社会广泛参与、高校着力实施"的实践育人协同体系。培育建设一批实践育人与创新创业示范基地。

4. 深入推进文化育人。推进中华优秀传统文化教育，实施"中华经典诵读工程""中国传统节日振兴工程"，开展"礼敬中华优秀传统文化""戏曲进校园"等文化建设活动，展示一批体育艺术文化成果，建设一批文化传承基地，引导高雅艺术、非物质文化、民族民间优秀文化走近师生。挖掘革命文化的育人内涵，实施"革命文化教育资源库建设工程"，开展"传承红色基因、担当复兴重任"主题教育活动，组织编排展演一批以革命先驱为原型的舞台剧、以革命精神为主题的歌舞音乐、以革命文化为内涵的网络作品；有效利用重大纪念日契机和重点文化基础设施开展革命文化教育。开展社会主义先进文化教育，开展高校师生社会主义核心价值观主题教育活动，推广展示一批社会主义核心价值观教育典型案例，选树宣传一批践行社会主义核心价值观先进典型。大力繁荣校园文化，创新校园文化品牌，挖掘校史校风校训校歌的教育作用，推进"一校一品"校园文化建设，引导高校建设特色校园文化；实施"高校原创文化经典推广行动计划"，支持师生原创歌剧、舞蹈、音乐、影视等文艺精品扩大影响力和辐射力；广泛开展"我的中国梦”等主题教育活动，推选展示一批高校校园文化建设优秀成果。建设美丽校园，制作发布高校优秀人文景观、自然景观名录，推动实现校园山、水、园、林、路、馆建设达到使用、审美、教育功能的和谐统一。广泛开展文明校园创建，评选“全国文明校园”，把高校建设成为社会主义精神文明高地。

5. 创新推动网络育人。加强工作统筹，建设高校思想政治工作网，打造信息发布、工作交流和数据分析平台，加强高校思想政治工作信息管理系统共建与资源互享。强化网络意识，提高建网用网管网能力，加强师生网络素养教育，编制《高校师生网络素养指南》，引导师生增强网络安全意识，遵守网络行为规范，养成文明网络生活方式。拓展网络平台，发挥全国高校校园网站联盟作用，推动“易班”和中国大学生在线全国共建，推选展示一批校园网络名站名栏，引领建设校园网络新媒体矩阵。丰富网络内容，开展“大学生网络文化节”“高校网络育人优秀作品推选展示”“网络文明进校园”等网络文化建设活动，推广展示一批“网络名篇名作”。优化成果评价，建设“高校网络文化研究评价中心”，建立网络文化成果评价认证体系，推动将优秀网络文化成果纳入高校科研成果统计、列为教师职务职称评聘条件、作为师生评奖评优依据。培养网络力量，实施“网络教育名师培育支持计划”“校园好网民培养选树计划”，建设一支政治强、业务精、作风硬的网络工作队伍。

6. 大力促进心理育人。加强知识教育，把心理健康教育课程纳入学校整体教学计划，组织编写大学生心理健康教育示范教材，开发建设《大学生心理健康》等在线课程，实现心理健康知识教育全覆盖。开展宣传活动，举办“5•25”大学生心理健康节等品牌活动，充分利用网络、广播、微信公众号、APP等媒体，营造心理健康教育良好氛围，提高师生心理保健能力。强化咨询服务，提高心理健康教育咨询与服务中心建设水平，按照师生比不低于1∶4000配备心理健康教育专业教师，每校至少配备2名专业教师。加强预防干预，推广应用《中国大学生心理健康筛查量表》“中国大学生心理健康网络测评系统”，提高心理健康素质测评覆盖面和科学性；建立学校、院系、班级、宿舍“四级”预警防控体系，完善心理危机干预工作预案，建立转介诊疗机制，提升工作前瞻性、针对性。完善工作保障，研制高校师生心理健康教育指导意见，保证生均经费投入和心理咨询辅导专用场地面积，建设校内外心理健康教育素质拓展培养基地，培育建设一批“高校心理健康教育示范中心”。

7. 切实强化管理育人。完善教育法律法规体系，加快制（修）订教育规章，保障师生员工合法权益。健全依法治校、管理育人制度体系，结合大学章程、校规校纪、自律公约修订完善，研究梳理高校各管理岗位的育人元素，编制岗位说明书，明确管理育人的内容和路径，丰富完善不同岗位、不同群体公约体系，引导师生培育自觉、强化自律。加强干部队伍管理，按照社会主义政治家、教育家要求和好干部标准，选好配强各级领导干部和领导班子，制定管理干部培训五年规划，提高各类管理干部育人能力。加强教师队伍管理，严把教师聘用、人才引进政治考核关，依法依规加大对各类违反师德和学术不端行为查处力度，及时纠正不良倾向和问题。加强经费使用管理，科学编制经费预算，确保教育经费投入的育人导向。强化保障功能，健全依法治校评价指标体系，深入开展依法治校创建活动。把育人功能发挥纳入管理岗位考核评价范围，作为评奖评优条件。培育一批"管理育人示范岗"，引导管理干部用良好的管理模式和管理行为影响和培养学生。

8. 不断深化服务育人。强化育人要求，研究梳理各类服务岗位所承载的育人功能，并作为工作的职责要求，体现在聘用、培训、考核等各环节。明确育人职能，在后勤保障服务中，持续开展"节粮节水节电""节能宣传周"等主题教育活动，推动高校节约型校园建设建档，大力建设绿色校园，实施后勤员工素质提升计划，切实提高后勤保障水平和服务育人能力。在图书资料服务中，建设文献信息资源体系和服务体系，优化服务空间，注重用户体验，提高馆藏利用率和服务效率，开展信息素质教育，引导师生尊重和保护知识产权，维护信息安全。在医疗卫生服务中，制订健康教育教学计划，开展传染病预防、安全应急与急救等专题健康教育活动，培养师生公共卫生意识和卫生行为习惯。在安全保卫服务中，加强人防物防技防建设，全面开展安全教育，提高安保效能，培养师生安全意识和法制观念。增强供给能力，建设校园综合信息服务系统，充分满足师生学习、生活、工作中的合理需求。加强监督考核，落实服务目标责任制，把服务质量和育人效果作为评价服务岗位效能的依据和标准。选树一批服务育人先进典型模范，培育一批高校"服务育人示范岗"。

9. 全面推进资助育人。加强资助工作顶层设计，建立资助管理规范，完善勤工助学管理办法，构建资助对象、资助标准、资金分配、资金发放协调联动的精准资助工作体系。精准认定家庭经济困难学生，健全四级资助认定工作机制，采用家访、大数据分析和谈心谈话等方式，合理确定认定标准，建立家庭经济困难学生档案，实施动态管理。坚持资助育人导向，在奖学金评选发放环节，全面考察学生的学习成绩、创新发展、社会实践及道德品质等方面的综合表现，培养学生奋斗精神和感恩意识。在国家助学金申请发放环节，深入开展励志教育和感恩教育，培养学生爱党爱国爱社会主义意识。在国家助学贷款办理过程中，深入开展诚信教育和金融常识教育，培养学生法律意识、风险防范意识和契约精神。在勤工助学活动开展环节，着力培养学生自强不息、创新创业的进取精神。在基层就业、应征入伍学费补偿贷款代偿等工作环节中，培育学生树立正确的成才观和就业观。创新资助育人形式，实施“发展型资助的育人行动计划”“家庭经济困难学生能力素养培育计划”，开展“助学．筑梦．铸人”“诚信校园行”等主题教育活动，组织国家奖学金获奖学生担任“学生资助宣传大使”。培育建设一批“发展型资助的育人示范项目”，推选展示资助育人优秀案例和先进人物。

10. 积极优化组织育人。发挥各级党组织的育人保障功能，进一步理顺高校党委的领导体制机制，明确高校党委职责和决策机制，健全和完善高校党委领导下的校长负责制，推动学校各级党组织自觉担负起管党治党、办学治校、育人育才的主体责任。启动实施高校党建工作评估，全面推开校、院（系）党组织书记抓基层党建述职评议。实施教师党支部书记“双带头人”培育工程，分中央和地方两级开展示范培训。实施“高校基层党建对标争先计划”，开展“不忘初心、牢记使命”主题教育，遴选培育全国百个院（系）党建工作标杆，培育建设一批先进基层党组织，培养选树一批优秀共产党员、优秀党务工作者，创建示范性网上党建园地，推选展示一批党的建设优秀工作案例。发挥各类群团组织的育人纽带功能，推动工会、共青团、学生会等群团组织创新组织动员、引领教育的载体与形式，更好地代表师生、团结师生、服务师生，支持各类师生社团开展主题鲜明、健康有益、丰富多彩的活动，充分发挥教研室、学术梯队、班级、宿舍在师生成长中的凝聚、引导、服务作用。培育建设一批文明社团、文明班级、文明宿舍。

**四、实施保障**

1. 强化改革驱动。推动“三全育人”综合改革，遴选部分工作基础较好的省（区、市）和高校作为“三全育人”综合改革试点。在省级层面，整合育人资源，统筹发挥校内外自然资源、红色资源、文化资源、体育资源、科技资源、国防资源和企事业单位资源的育人功能，带动支持在本地区打造“三全育人共同体”，形成学校、家庭和社会教育有机结合的协同育人机制。在学校层面，以《实施纲要》所涵盖的“十大育人体系”为基础，系统梳理归纳各个群体、各个岗位的育人元素，并作为职责要求和考核内容融入整体制度设计和具体操作环节，推动全体教职员工把工作的重音和目标落在育人成效上，切实打通“三全育人”的最后一公里，形成可转化、可推广的一体化育人制度和模式。

2. 搭建工作平台。建设高校思想政治工作创新发展中心，依托部分省（区、市）和高校建设一批理论和实践研究中心，推动开展党的建设、思想政治教育、意识形态工作、维护安全稳定等方面的理论创新和实践探索。建设省级高校网络思想政治工作中心，支持各省（区、市）建设本地区网络思想政治工作中心，推动各地整合网络建设管理资源，深入开展网络意识形态研判分析、网络舆情研究引导、师生思想政治状况调查、网络文化产品创作生产等工作，统筹推动“易班”和中国大学生在线全国共建共享。建设高校思想政治工作队伍培训研修中心，依托部分省（区、市）教育工作部门和高校建设队伍培训研修中心，以强化理论武装、提升政治引领为重点，组织开展线上线下培训、高级访问研修、学历学位教育、课程体系研发、思政文库建设等工作，不断提高培训研修的覆盖面和受益率，推动理论研究和实践探索成果转化应用。

3. 建强工作队伍。完善教师评聘和考核机制，把政治标准放在首位，严格教师资格和准入制度。在教师教学评价、职务（职称）评聘、评优奖励中，把思想政治表现和育人功能发挥作为首要指标，引导广大教师不忘立德树人初心，牢记人才培养使命，将更多精力投入到教书育人工作上。加强专门力量建设，推动中央关于高校思想政治工作队伍和党务工作队伍建设的政策要求和量化指标落地。大力培育领军人才，在“长江学者奖励计划”中，加大对思想政治教育相关领域高层次人才倾斜支持力度。加大培养培训力度，开展高校思想政治工作队伍国家示范培训，遴选骨干队伍参加海内外访学研修、在职攻读博士学位。强化项目支持引领，实施“高校思想政治工作中青年杰出人才支持计划”，支持出版理论和实践研究专著，培育一批高校思想政治工作精品项目，建设一批高校思想政治工作名师工作室。

4. 强化组织保障。成立高校思想政治工作委员会，加强工作统筹、决策咨询和评估督导。设立高校思想政治工作经费专项，保证《实施纲要》各项目顺利实施。健全高校思想政治工作质量评价机制，研究制定高校思想政治工作评价指标体系，创新评价方式，探索引进第三方评价机构。强化高校思想政治工作督导考核，把加强和改进高校思想政治工作纳入高校巡视、“双一流”建设、教学科研评估范围，作为各级党组织和党员干部工作考核的重要内容。各地各高校结合实际，将《实施纲要》实施纳入整体发展规划和年度工作计划，明确路线图、时间表、责任人。

## 关于新时代加强和改进思想政治工作的意见

（2021年7月）

在中国共产党成立100周年之际，中共中央、国务院印发了《关于新时代加强和改进思想政治工作的意见》（以下简称《意见》）。

《意见》指出，思想政治工作是党的优良传统、鲜明特色和突出政治优势，是一切工作的生命线。加强和改进思想政治工作，事关党的前途命运，事关国家长治久安，事关民族凝聚力和向心力。《意见》包括总体要求、把思想政治工作作为治党治国的重要方式、深入开展思想政治教育、提升基层思想政治工作质量和水平、推动新时代思想政治工作守正创新发展、构建共同推进思想政治工作的大格局六个部分。

《意见》指出，党的十八大以来，以习近平同志为核心的党中央高度重视思想政治工作，采取一系列重大举措切实加以推进，思想政治工作有效发挥了统一思想、凝聚共识、鼓舞斗志、团结奋斗的重要作用，全党全社会思想上的团结统一更加巩固，我国意识形态领域形势发生了全局性、根本性的转变。

《意见》明确，新时代加强和改进思想政治工作的指导思想是：以习近平新时代中国特色社会主义思想为指导，全面贯彻党的十九大和十九届二中、三中、四中、五中全会精神，增强"四个意识"、坚定"四个自信"、做到"两个维护"，紧紧围绕统筹推进"五位一体"总体布局和协调推进"四个全面"战略布局，坚持稳中求进工作总基调，围绕巩固马克思主义在意识形态领域的指导地位、巩固全党全国人民团结奋斗的共同思想基础这一根本任务，自觉承担起举旗帜、聚民心、育新人、兴文化、展形象的职责使命，把思想政治工作作为治党治国的重要方式，着力固根基、扬优势、补短板、强弱项，提高科学化规范化制度化水平，充分调动一切积极因素，广泛团结一切可以团结的力量，为人民服务，为中国共产党治国理政服务，为巩固和发展中国特色社会主义制度服务，为改革开放和社会主义现代化建设服务。

《意见》指出，新时代加强和改进思想政治工作的方针原则是：坚持和加强党的全面领导，把思想政治工作贯穿党的建设和国家治理各领域各方面各环节，牢牢掌握工作的领导权和主动权。坚持以人民为中心，践行党的群众路线，把人民对美好生活的向往作为奋斗目标，组织群众、宣传群众、教育群众、服务群众，强信心、聚民心、暖人心、筑同心。坚持服务党和国家工作大局，全面贯彻党的基本理论、基本路线、基本方略，坚持系统观念，把思想政治工作与经济建设和其他各项工作结合起来，为党和国家中心工作提供有力政治和思想保障。坚持遵循思想政治工作规律，把显性教育与隐性教育、解决思想问题与解决实际问题、广泛覆盖与分类指导结合起来，因地、因人、因事、因时制宜开展工作。坚持守正创新，推进理念创新、手段创新、基层工作创新，使新时代思想政治工作始终保持生机活力。

《意见》指出，要把思想政治工作作为治党治国的重要方式。强化党委（党组）主体责任，各级党委（党组）要切实负起政治责任和领导责任，建立健全思想政治工作责任制，制定思想政治工作责任清单，明确落实措施和推进步骤。党的基层组织要认真贯彻党章党规要求，做好党员和群众的思想政治工作。坚持党要管党、全面从严治党，以党的政治建设为统领，坚持思想建党和制度治党相统一，把思想政治工作落实到党的各项建设之中。加强党对国家和社会的全面领导，善于运用思想政治工作和体制制度优势，推动经济社会发展、管理社会事务、服务人民群众，保证党和国家各项事业始终沿着正确方向前进。

《意见》指出，要深入开展思想政治教育。坚持用习近平新时代中国特色社会主义思想武装全党、教育人民，健全用党的创新理论武装全党、教育人民工作体系，增进对习近平新时代中国特色社会主义思想的政治认同、思想认同、理论认同、情感认同。推动理想信念教育常态化制度化，广泛开展中国特色社会主义和中国梦宣传教育，弘扬民族精神和时代精神，加强爱国主义、集体主义、社会主义教育，加强马克思主义唯物论和无神论教育。培育和践行社会主义核心价值观，加强教育引导、实践养成、制度保障，推动社会主义核心价值观融入社会发展和百姓生活。加强党史、新中国史、改革开放史、社会主义发展史和形势政策教育，引导党员、干部、群众旗帜鲜明反对历史虚无主义，继往开来走好新时代长征路。加强社会主义法治教育，深入学习宣传习近平法治思想，在全社会普遍开展宪法宣传教育，有针对性地宣传普及法律、法规和法理常识，加大党章党规党纪宣传力度。增强忧患意识、发扬斗争精神，广泛开展防范化解重大风险宣传教育，总结新冠肺炎疫情防控斗争经验，以自觉的斗争实践打开新天地、夺取新胜利。

《意见》指出，要提升基层思想政治工作质量和水平。加强企业思想政治工作，把思想政治工作同生产经营管理、人力资源开发、企业精神培育、企业文化建设等工作结合起来，在思想上解惑、精神上解忧、文化上解渴、心理上解压。加强农村思想政治工作，加强农村精神文明和思想道德建设，开展弘扬时代新风和移风易俗行动，抵制腐朽落后文化侵蚀，培养有理想、有道德、有文化、有纪律的新时代农民。加强机关思想政治工作，坚持把带头做到“两个维护”作为机关思想政治工作的首要任务，深化政治机关意识教育，开展模范机关创建活动，开展对党忠诚教育，开展作风建设专项整治行动，努力建设讲政治、守纪律、负责任、有效率的模范机关。加强学校思想政治工作，加快构建学校思想政治工作体系，实施时代新人培育工程，完善青少年理想信念教育齐抓共管机制，培养德智体美劳全面发展的社会主义建设者和接班人。加强社区思想政治工作，健全社区党组织领导基层群众性自治组织开展思想政治工作的相关制度，加强社区思想政治工作网格化建设，统筹发挥社会力量协同作用，使思想政治工作真正深入到群众生产和生活中去。加强网络思想政治工作，深入实施网络内容建设工程，加强网络传播能力建设，依法加强网络社会管理，推动思想政治工作传统优势与信息技术深度融合，使互联网这个最大变量变成事业发展的最大增量。做好各类群体的思想政治工作，开展思想政治引领行动，把广大群众团结凝聚在中国特色社会主义伟大旗帜下。

《意见》指出，要推动新时代思想政治工作守正创新发展。巩固壮大主流思想舆论，坚持正确政治方向、舆论导向、价值取向，把思想政治工作融入到主题宣传、形势宣传、政策宣传、成就宣传、典型宣传中，落实到党报党刊、电台电视台、都市类报刊和新媒体等各级各类媒体，不断提高新闻舆论传播力、引导力、影响力、公信力。深化拓展群众性主题实践，充分利用重要传统节日、重大节庆日纪念日，发挥礼仪制度的教化作用，丰富道德实践活动，推动形成适应新时代要求的思想观念、精神面貌、文明风尚、行为规范。更加注重以文化人以文育人，深入实施文艺作品质量提升工程，深入实施中华优秀传统文化传承发展工程，推进城乡公共文化服务体系一体建设，更好满足人民精神文化生活新期待。充分发挥先进典型示范引领作用，深化时代楷模、道德模范、最美人物、身边好人等学习宣传，持续讲好不同时期英雄模范的感人故事，探索完善先进模范发挥作用的长效机制，把榜样力量转化为亿万群众的生动实践。切实加强人文关怀和心理疏导，健全党员领导干部联系基层、党员联系群众的工作制度，健全社会心理服务体系和疏导机制、危机干预机制，建立社会思想动态调查与分析研判机制，培育自尊自信、理性平和、积极向上的社会心态。

《意见》强调，要构建共同推进思想政治工作的大格局。完善领导体制和工作机制，完善党委统一领导、党政齐抓共管、宣传部门组织协调、有关部门和人民团体分工负责、全党全社会共同参与的思想政治工作大格局。打造专兼结合的工作队伍，配齐配强思想政治工作骨干队伍，充实优化兼职工作队伍，不断壮大志愿服务工作队伍，有计划有步骤地开展全员培训，深化思想政治工作人员专业技术职务评聘制度改革，培养思想政治工作的行家里手。用好各级各类文化设施和阵地，加强各级各类党员教育培训基地、爱国主义教育基地等的规划建设和管理使用，继续推动公共文化设施向社会免费开放，建设基层思想政治工作示范点。建立科学有效的评价考核体系，建立内容全面、指标合理、方法科学的思想政治工作测评体系，将测评结果纳入落实全面从严治党主体责任情况监督检查和巡视巡察内容，纳入党政领导班子、领导干部综合考核评价内容，把“软指标”变为“硬约束”。

# 参考文献


[1] 刘光.新中国高等教育大事记:1949—1987[M].长春:东北师范大学出版社,1990.

[2] 李国钧,王炳照.中国教育制度通史:第8卷[M].济南:山东教育出版社,1999.

[3] 张耀灿,郑永廷,刘书林,等.现代思想政治教育学[M].北京:人民出版社,2001.

[4] 中国中央文献研究室.建国以来重要文献选编:第11册[G].北京:中央文献出版社,1995.

[5] 教育部思想政治工作司.加强和改进大学生思想政治教育重要文献选编:1978—2008[G].北京:中国人民大学出版社,2008:382.

[6] 连凤宝.谈高校辅导员队伍的专业化建设[J].中国高等教育,2004(1):44-45.

[7] 罗涤,姚木远.高校辅导员的职业倦怠状况与对策[J].中国青年研究,2007(6):84-86.

[8] 张彦.高校辅导员队伍职业化问题再探讨[J].学校党建与思想教育,2007(6): 72-74.

[9] 张革华.高校辅导员职业化的目标诉求和路径选择[J].深圳大学学报(人文社会科学版),2007(4):144-147.

[10] 杨吉棣.构建高校辅导员队伍职业化、专业化、专家化模式初探[J].思想教育研究,2009(11):60-62.

[11] 巢传宣.辅导员职业认同的应为、难为与有为[J].中国职业技术教育,2010(10):63-65.

[12] 靳玉军,李晓娟.高校辅导员近30年来的角色演变及其启示[J].高等教育研究,2010,31(1):73-76.

[13] 王纪平,原广华,吉意斌.高校辅导员队伍职业化、专业化、专家化建设内涵辨析与思考[J].太原大学学报,2010,11(1):97-100.

[14] 徐晓宁.新形势下高校辅导员队伍专业化建设的难点及对策[J].思想理论教育导刊,2012(4):115-119.

[15] 王丽萍,姜土生.高校辅导员队伍专业化、职业化、专家化建设的内涵与逻辑[J].思想理论教育导刊,2013(6):123-125.

[16] 薛浩,陈桂香.高校辅导员职业倦怠的激励机制[J].中国青年研究,2014(11):116-119.

[17] 李忠军.以职业能力建设为核心推动高校辅导员队伍专业化发展[J].思想理论教育,2014(12):97-102.

[18] 李琳.高校辅导员职业能力内涵与提升路径探析[J].思想教育研究,2015(3):105-107.

[19] 冯刚.高校辅导员队伍专业化、职业化建设的发展路径:《普通高等学校辅导员队伍建设规定》颁布十年的回顾与展望[J].思想理论教育,2016(11):4-9.

[20] 黄丽娟,汪勇.高校辅导员职业倦怠表现、成因及对策探析[J].广西社会科学,2018(1):217-220.

[21] 杨建义.以制度安排提升高校辅导员队伍专业化水平:基于对《普通高等学校辅导员队伍建设规定》的分析[J].思想理论教育,2018(1):87-90.

[22] 彭庆红,耿品.新中国成立70年来高校辅导员队伍建设的历史进程、总体趋势与经验启示

[J].思想理论教育导刊,2019(8):132-137.
[23] 杨建义,吴新菊.新时代高校辅导员政治引领的任务、挑战与提升路径[J].思想理论教育,2020(4):86-91.
[24] 倪佳琪,魏飞.基于胜任力卓越模型的高校辅导员队伍专业化建设研究[J].学校党建与思想教育,2020(7):85-87.
[25] 秦嘉伟.提升高校辅导员职业素养的对策研究[D].渤海:渤海大学,2021.
[26] 王玮.高校辅导员职业道德评价体系建设研究[J].长治学院学报,2021,38(1):118-122,117.
[27] 史仁民,吕进,史东梁.中国共产党领导下的高校辅导员制度的百年探索:基于历史制度主义的分析[J].高教探索,2022(6):47-54.
[28] 李庚.新时代高校辅导员队伍职业化、专业化、专家化建设论析[J].思想理论教育,2023(12):106-111.
[29] 路成浩.新时代高校辅导员队伍建设高质量发展困境与突破[J].学校党建与思想教育,2023(17):80-83.
[30] 江宇辉.新时代高校辅导员发展支持体系:构建框架、治理机制与创新进路[J].中国高等教育,2023(22):54-57.

# 后记

在我担任高校辅导员的第15个年头,《高校辅导员职业化研究》和大家见面了。作为高校辅导员职业化进程的见证者和受益者,我非常高兴能将15年的实践经历和思考感悟汇集成一本书。通过此书的出版,希望能和更多的专家、同仁交流探讨“高校辅导员职业化”这个话题,希望能够为“高校辅导员队伍建设”的决策提供一些建议和帮助。

本书是江西省首批高校辅导员名师工作室黄志兴工作室和井冈山大学重点建设工作室映山红育人工作室的研究成果。本书的出版得到了各方面的大力支持,鲁菁菁参与了第六章和第十章部分内容的整理,在此深表感谢!

作为一名“老辅导员”,真心希望能够为高校学生工作质量提升和高校辅导员的职业成长贡献自己的一份力量。此书的出版是我继《红色基因融入大学生思想政治教育》《大学生成长100问》《高校辅导员工作100问》之后推出的第四本书,这四本书都是围绕高校学生工作展开的,从不同的角度阐述了高校学生工作的经验和启示,希望能够助推高校学生工作质量的提升。

高校辅导员身处“为党育人、为国育才”的一线,责任重大、使命光荣!在此,向全国高校辅导员同仁致以崇高的敬意!由于自身水平有限,书中难免有不足之处,还请大家海涵和不吝赐教。